鑑定事例付き

# 最速開運術！

## あなたの人生が変わる本物の風水

一般社団法人 風水鑑定協会
代表理事

### 西 美穂
NISHI MIHO

幻冬舎 MC

# 最速開運術！
## あなたの人生が変わる
## 本物の風水
### （鑑定事例付き）

目 次

はじめに ——————————————————————————— 6

## 第1章　私がなぜ本場中国の風水を学びたいと思ったのか？ —— 11

風水を学び始めたきっかけ ———————————————— 12

それは本物の風水ではなかった ———————————————— 13

日本の「家相」は「工事」という改善策しかない ——————— 14

やっと見つけた本物の風水 ——————————————————— 16

目から鱗の連続 ———————————————————————— 16

風水相談会で風水の必要性を強く感じる ——————————— 18

## 第2章　日本で広く知られている風水の現状 ———————— 21

風水は大地の氣の流れを良くする技術 ——————————— 22

風水はそもそも陰宅の吉凶を観る方法 ——————————— 23

日本では陽宅風水がメイン ——————————————————— 25

日本の一般的な風水といわれているものが、
効果が出ないのはなぜ？ ——————————————————— 25

## 第3章　私が経験を積んできた本物の風水 ——————— 29

　（1）八宅派の風水 ————————————————————— 30

　　本命卦の出し方 ——————————————————————— 31

　　八卦もイメージすると理解しやすくなる ———————— 33

　　八卦が表すもの ——————————————————————— 35

（2）玄空飛星派の風水 ———————— 36

## 第4章　風水を取り入れた住まいづくりで開運しよう！ ——— 37

繁栄する家と繁栄しない家がある ———————— 38

リフォームのNGケース ———————————— 44

本物の風水を取り入れた質の良い家づくりをしてほしい —— 46

リフォームにも風水の知識は不可欠 ——————— 48

## 第5章　運氣の上がる土地を探そう ———————— 51

こんな土地はNG ————————————— 52

氣の悪いところでは本来のパワーを発揮できない ——— 55

[超重要！] 時代や山・川の位置などを考慮して探す ——— 56

「時代」を重視する理由 ———————————— 56

「山と川（水）」を重視する理由 ————————— 58

土地選びは成功率が高くなる順番で決める ————— 60

成功率が高くなる順番 ———————————— 60

なぜ成功率が高くなるのか、その理由 —————— 61

ほんの少しの風水の知識があれば

後悔せずにすむのに…… ——————————— 69

風水鑑定は計画する前に相談することが重要 ———— 71

## 第6章　なぜ3つの氣を整えると成功するのか？ ———— 73

自己開運の方法と秘訣 ———————————— 74

「3つの氣」とは？ ——————————————— 74

「3つの氣を整える」とは？ ——————————— 76

3つの氣が揃うと大きなパワーになる ——————— 76

3つ以上の方法を併用して開運のチャンスを広げる ——— 78

奇門遁甲について ——————————————— 79

奇門遁甲はいろいろな占いに使うことができる ———— 82

## 第7章　その時代の吉凶を読み解き、
氣を調整するのが本物の風水 ——————————— 85

本物の風水とは？ ——————————————— 86

日本の風水のおかしなところ —————————— 86

風水鑑定士は"家の鍼灸師" ——————————— 88

風水は一つではない ————————————— 91

風水は魔法ではない ————————————— 92

風水鑑定に欠かせない「八宅方位盤」と
「玄空飛星派座向盤」 ————————————— 94

## 第8章　私と講座受講生の風水鑑定実例 —————— 109

（1）私が風水鑑定した実例 ——————————— 110

（2）当協会の受講生鑑定例 ——————————— 121

おわりに ——————————————————— 142

# はじめに

　数ある風水書の中から、本書を手にとっていただき、本当にありがとうございます。

　私は30年以上、一級建築士として300軒を超える住宅設計をしてきました。一級建築士ですので、住宅のみならず、学校や公民館、居酒屋やカフェ、工場や動物病院なども手がけてきました。

　32歳を過ぎた頃からお客様の要望があり「家相・風水」を取り入れた家を設計するようになりました。しかし、日本には家相なのか風水なのかよくわからない情報が多く、結局その当時私が学んでいたのは家相と九星気学をミックスさせたような手法だったと今では容易にわかることなのですが、当時は知らずにいたのです。30年ほど前から西に黄色を置くと金運が上がるとか、離命の人は、南に赤を使いそこにいると運が良くなる、トイレの掃除をすると運氣が上がるなど、いい加減な情報が広く出回っています。九星気学・鬼門・裏鬼門や盛り塩なども本物の風水とは何の関係もありません。私が、本物の風水に出会ったのは、ここ10年ほどの話です。私の人生の前半は、とてもアップダウンの激しいものでした。3度目の結婚を決意したあたりで、人生の後半は良いものにし

たい、穏やかに豊かに過ごしたいと人生後半の生きる意義みたいなものを探していたときにふと「そうだ、ちゃんと風水を学んでライフワークとしよう！」と思いつきました。それからネットで検索をして、出会ったのが黒門アカデミーでした。黒門アカデミーの受講料は、当時の私にとっては「とても高い」と思ったのですが、今ではまったく高価だとは感じなくなりました。むしろ、「お値打ち！」そう感じるようになったのです。

　私が出会った本物の風水は、実際に使ってみると効果が高いことがわかりました。本当に正しいもので信頼できるものだとあなたも学んで実践したら、すぐに実感していただけるはずです。

　約2年の学びを終え、黒門アカデミー認定セミナーのインストラクターの資格をとった後、仕事として風水を使うようになり、風水の鑑定をして、処方をすると、不思議なことに、今までうまくいかなかったことがうまくいくようになったり、風水鑑定のお客様の売り上げが急に2倍以上になったりしました。

　風水住宅を建てたお客様の中には、会社員のご主人が昇進したり、家族の病気が治ったり、とにかくいろいろハッピーなことが巻き起こってきたのです。このように、風水を使っ

ていただくことで、「豊かに生きていく」方法の一つを手に入れることができます。

　私がこの本を書こうと思ったのは、これから家を建てたり、分譲住宅やマンションの購入、またはアパートやマンションの住み替えを考えている方に本物の風水のことを知って使っていただき、人生をなるべく遠回りせずに繁栄の道を歩んでほしいと思ったからです。

　そして、より多くの方に本物の風水を知っていただき、3つの氣を整えることの大切さを学んでいただきたいと思ったからです。

　風水はあなたの人生の運氣を整える開運技術です。どなたでも学んだら使えるようになる技術なのです。

　風水について興味を持たれるきっかけは人それぞれだと思いますが、あなたにとって、この本がそのきっかけになれば幸いです。きっと、あなたのお悩みを軽くして、希望の道を照らしてくれることでしょう！

　そして、日本中の人が本物の風水を活用するようになれば、引きこもりや不登校の数は激減し、心が前向きになり、経済状況も改善し、自然に人口も増えていき、豊かに人生を実感する人が増えるでしょう！

　そんな不安のない豊かな未来の日本を思い描き、筆を執る

はじめに

ことにしました。

西 美穂

第 1 章

私がなぜ本場中国の風水を
学びたいと思ったのか？

# 風水を学び始めたきっかけ

　今から約30年前に私が「風水」というものを学びはじめた、ちょうどその何年か前（1985年〜1990年頃）に、香港では香港上海銀行と中国銀行の二つの銀行が"風水戦争"を起こし、世界的に有名になっていました。その大手銀行同士の風水による戦いがきっかけで、世界中に「風水」という言葉が広まったのです。

　当時私は、ある片田舎で建築士事務所を営んでいましたが、そんな世界の動向から少し遅れて、片田舎にも風水の波がやってきました。

　風水を使った設計をしてほしいということで、3軒の住宅の設計依頼がありました。

　それで私も風水をしっかり学ばなければということで、知り合いのツテを頼って、東京の風水の先生に教えていただくことになりました。

　そこでは鬼門・裏鬼門・福門などを駆使した手法で間取りを決めていく方法を学び、その知識をもとに依頼されていた3軒の家を立て続けに設計しました。

　しかし、その先生が教えてくれた風水では、鬼門は東北、裏鬼門は西南、福門は南と東南と東、第二福門は西北と決

まっていたので、大きい小さいはあるもののどれも似たような間取りになってしまいました。私はなんとなく違和感を覚えてはいましたが、それが「風水」と言われれば、そうなのかと信じて学んでいました。

## それは本物の風水ではなかった

　依頼されていた3軒の家の仕事は無事に進み、工事も完了し、お客様はとても喜んでくださいました。

　ところが、それから3年〜5年経過した頃に、お客様に良くないことが起こりはじめたのです。離婚したご家族もあれば、お子さんがよくケガをしたり、ご主人が病気で入院してしまったご家族もありました。

　私も当時、その「風水」に合わせて小さな事務所を建築しました。売り上げは順調で、どんどん忙しくなっていったのですが、建築して6年目にはうつ病になってしまい、1年ほどベッドから起き上がることもできず、仕事をすることもできませんでした。

　その当時の自分の命運を観ると決していい運に乗っていたわけではないので、今であれば、事務所などを建てることはしなかったでしょう。しかし、その当時は「風水」という名

の「風水ではないもの」を学んでいたので、自分の命運さえ正しく知ることができなかったのです。本物の風水を学んでいれば、きっと命運を正しく把握できたでしょうし、時間の大切さも認識できていたでしょう。

こうしたことから、風水とは人を心地良く幸せにする手法だと思っていたのに、自分やお客様に悪いことが起こったことで、本当にこれでいいのだろうかと疑問を持ち始めることになったのです。結局、せっかく作った建築士事務所も一旦たたむことになりました。

当時学んでいた、いわゆる風水のようなものは、日本特有の「家相」に「九星気学」をミックスさせたもので、本物の風水とはまったくの別物だったのです。しかも九星気学は、できてまだ100年ほどしか経っていない占術で新しく、日本でしか使われていないものなので、1000年ほど前から使われていた風水とは、リンクしないものだということも後になって理解できたのでした。


## 日本の「家相」は「工事」という改善策しかない

「家相」も元を正せば、中国の『黄帝宅経』という文献からきているという説もあります。しかし皇帝なら、入り口が狭

ければすぐに広げることもできるでしょうし、トイレの位置が悪ければすぐに工事をして位置を変えることもできるでしょう。

　要するに私が学んでいた日本の「家相」では、このように悪いなら工事をして位置を変えるという改善策しかありませんでした。

　悪いと言われて、すぐに工事をできる人はどのくらいいるでしょうか？

　ほとんどの人は、悪いということを告げられただけで、どうすることもできず、悲しい結果に終わるのではないでしょうか？

　ところが、「中国の風水」は違います。悪いならそれに対応した改善策があるのです。もちろん対処法がない場合もありますが、多くの場合、何らかの改善策を提示することができます。

　たとえば八宅派だと、健康運を良くしたいなら天医や延年の場所に寝るとか、職場の人間関係を良くしたいということであれば、延年の場所に「金＝金属」を置くとか、さまざまな改善策があります。

　※八宅派については第3章で説明します。

## やっと見つけた本物の風水

そういうわけで、過ぎていった私の人生の時間は取り戻すことはできるわけもなく、その失敗をスタート地点までに戻すのに実に15年もの年月がかかりました。

運が下がっていくときは自分でもわかっているのに、その当時は止める方法さえわからずに、砂が入った布袋の口が空いたように、ずるずると音をたてて運が洩れていきました。

本物の風水を学ばなければ、一生後悔すると思いました。

そこで、ネットで探してやっと見つけたのが、今の先生です。

しかし、風水のセミナーは日本中に多数あって、大阪の学校にしようか、東京の学校にしようかといろいろ迷ったのですが、学んでみるまでは本物の風水を学べるかどうかさえわかりませんでした。受講費も結構高額だとは思ったのですが、日本一の先生のもとでしっかり学びたいと思ったので、東京の風水学校にしばらく通ってみることにしました。


## 目から鱗の連続

中国の風水を学ぶにあたって、はじめて先生のセミナーを受けたときに、目から鱗が落ちるとはこのことか？ と思える

くらい、スッと入ってきました。

たとえば、「風水を観るときは南を上に観る。南を上に観なければいけない理由がある！」とおっしゃったのです。

確かに今思えば普通のことなのですが、あちこちで「エセ風水」を学んだ私には、そんなことを教えてくれる先生はどこにもいませんでした。むしろ、上は北でも南でもどちらでもOKみたいないい加減なものでした。

南を上にして観なければいけないというその理由は、方位だけではなく、太陽の高さや強さ、進行方向、暑さ寒さ、さらには時間の経過なども加味して観るので、南は上でなければならないのです。

「風水」も1種類と思っていたのですが、実は中国には100を超える流派があるというのです。「な、な、なんと！」という感じでした。

五行の色も適当に決まっているわけではない等々……。「なるほど！」の連続でした。

やがて、「そうだよね。合理的な民族の中国人が効果のないものを1000年もの間、大切に使い続けるわけないよね」と納得したのでした。

効果が高いからこそ、中国では風水を約1000年もの昔から重用しているのだろうと感じました。おそらく実際には、もっ

と昔からあったのではないかと思っています。

　そして50歳を目前にして、人生の前半は何をしていいのか
わからずにボーッと過ごしていたこと、失敗や離婚やアップ
ダウンが激しいジェットコースターのような人生だったこと
などが心の奥底で後悔となっていたので、あと50年生きると
したら折り返し地点だから、しっかり運を良くして後半の人
生を安定させる方法を学ばなければ、と思うようになりまし
た。それから2年間、しっかり学ばせていただいたおかげで
今の私があります。


## 風水相談会で風水の必要性を強く感じる

　風水を学び終えて、初めにチャレンジしたのが8年ほど前
の2016年（平成28年）の5月、近所のマリーナのイベントで
の風水相談会の開催でした。そして、そこに訪れた相談者が、
私に風水の必要性を強く感じさせることになったのです。

　その相談者は40代の主婦で、相談内容は自宅が東の道路の
突き当たりにあるのだが、何か対策を講じたほうがいいので
はないかというものでした。

　東の道路の突き当たりといえば、まさに路沖殺です（風水
ではT字路の突き当たりのことをT字路口といい、そのまっ

すぐに家に突き刺さってくる氣を悪い氣として、路冲殺といいます）。

　私「もちろんです。八卦鏡を玄関のドア、またはその突き刺さってくる道路に向けて掛けてください」というアドバイスをしました。

　相談者「実は、初めは家の裏の西は森だったのですが、西にも突き刺さる道路が宅地開発でできたのです」と心配そうに話してくれました。私は家が道路の殺で串刺し状態になっていると感じました。この「殺」という概念は、知らず知らずのうちに、ストレスを与え続けるもの……という意味を持ちます。

　私「一番小さい女の子が呼吸器系の病気になります」

　相談者「実は2月に手術したのです」

　私「え？」

　相談者「気管支が悪くて手術したんです。女の子の猫なんですけどね」

　私「ホッ……。そう、猫ちゃんに出てしまったのね。猫ちゃんがいなかったら、もしかしたら奥さんに出ていたかもしれませんよ！」

　その家には相談者の他に、おばあちゃん、おじいちゃん、お父さん、息子さんたちが住んでいたので、一番若い女性と

いうとその相談者になるからです。

　心配そうな顔をした相談者に、私はできる限りの対策を講じました。

　このような事情から、やはり風水は侮れないなと強く感じたのでした。

　そして、家を見るとそこに住んでいる人の悩み事もおおよそ推測できるようになりました。

第2章

日本で広く知られている
風水の現状

# 風水は大地の氣の流れを良くする技術

　風水は古代中国で発祥した、「氣」の力を利用した開運技術のことです。

　こう言うと難しく聞こえるかも知れませんが、風水とは、衣・食・住、行動など、自分の環境全て使って運を開いていく、開運のための技術なのです。いくら金運を上げたいといっても健康でなければ、お金を稼ぐことはできませんよね。そのバランスを整えるのが風水です。

　風水とは、もともと大地の氣のエネルギーを取り入れて、そこで生活する人の氣の流れを良くする技術です。

　人の体にツボがあるように、大地にもツボがあります。それを龍穴といいます。

　鍼灸師は人の身体のツボを刺激し、氣血という身体の氣の流れを整える職業です。

　それと同じように大地のツボである龍穴を刺激し、氣の流れを整えるのが風水師です。大地からの氣が流れてくる氣のルートを龍脈といいます。この龍脈は、人の経絡と似たような働きをします。

　龍穴＝パワースポットですが、SNSなどで、よく「パワースポットに行ってきました。とても清々しかった」などと発

信している人がいますが、実際に見たことがあるのでしょうか?

　私も写真でしか見たことがありませんが、龍穴＝パワースポットはなんとなく……というものではなく、実際にそこに存在するものなのです。

　これは未確認ですが、日本には山の中に入って龍穴を探す風水師はいないと思います。しかし、この現代でも中国や韓国では山の中を歩き回って龍穴を探している人がいるらしいのです。3年とか5年とか歩き回って、クライアントの希望する龍穴を探すのが風水師の仕事のようです。

　龍穴を探してどうするのか?

　良い龍穴を探して、吉時に先祖の骨を埋葬するのです。それを「陰宅風水」といいます。陰宅とは「陰」の宅なので陽があたらず暗くて涼しい住まいです。亡くなった人は冷たくなり熱がなくなるので、陰の場所に住みます。つまりお墓です。陰宅風水とは、お墓の風水なのです。


## 風水はそもそも陰宅の吉凶を観る方法

　日本でも中国でも、家相や風水はある程度の富裕層しか使う事ができませんでしたが、家相は前述したとおりで、聞い

てもすぐに工事ができないという難点がありました。実は、もともと風水はそもそも陰宅の吉凶を観る手法のようです。

　中国や韓国では現代社会においても、陰宅風水がメインのようです。

　いまだに中国や韓国では陰宅風水が重要視されているのはなぜでしょうか？

　それは、陰宅は良い龍穴、いわゆるパワースポットにつくので、そのパワースポットに吉時に骨を埋葬したら一族郎党（いちぞくろうとう）みな良くなり繁栄すると言われています。ある意味、合理的な考え方だなと思います。

　日本でもお墓参りは重要とされていて、お盆や彼岸などにお参りに行く風習がありますよね。そもそも仏教は中国から伝来したものです。特に沖縄ではお盆はお墓の前で親戚一同が集まって会食し、死んだ人の魂も一緒に食事をするかのような風習があるようです。中国の陰宅と似たような風習だなと感じます。

　ただし、それを実現するには、まず良い龍穴を探し当てなくてはなりません。それが大変で、とにかく長い年月がかかるのです。

　というのは、それぞれの大地の形によって龍穴の性質というか効果が異なるため、子供や孫の世代に絶世の美女が生ま

れる龍穴とか、大金持ちが生まれる龍穴といったクライアントの期待するものを探し当てるのは至難のわざなのです。昔は皇帝が生まれるという龍穴もあり、それを「天子穴」と呼んでいたようです。

## 日本では陽宅風水がメイン

日本では風水というと「陽宅風水」がメインです。

陽宅とは生きている人が住んでいる家のことです。人が住むことにより明るく保たれ、その空間に熱が入り、陽の氣が根付くのです。

日本では残念ながら、陰宅風水は古墳でしかお目にかかれません。よく見かける一坪くらいのお墓では狭すぎて、陰宅としては風水鑑定がしにくいのです。もしかしたら沖縄は中国の文化がかなり入ってきたところでもあると思われるので、沖縄のお墓くらい広くて大きかったらできるかもしれません。

## 日本の一般的な風水といわれているものが、効果が出ないのはなぜ？

あなたは、こんな経験はないでしょうか？

市販の風水の本を買って、そこに書いてあるとおりに、玄関にラベンダー色の玄関マットを置いてみたけど少しも変わらない。西に黄色の物を置いてみたけど収入は1円も増えない。断捨離がいいというので、いろんなものを捨ててみたけど、気分はスッキリしたが運が良くなった気がしない。掃除がいいらしいというのでトイレの掃除は毎日しているが悩みごとは消えないとか……。

　私も初めは市販の本を買って、玄関には何を置いたらいいかとか、トイレには何色を使ったらいいかとか、南の方位には赤い物を置くといいとか、本に書いてあることをいろいろやっていました。

　しかし、何も変わらない。むしろ、今思えば私の人生はどんどん悪化していったのです。ただ、そんな中でも子供たちはすくすく成長し、自立心の強いしっかりした大人になりました。そこは私の唯一の救いでした。

　このように現在の日本の風水は、鬼門・裏鬼門とか、九紫火星は〜とか、三碧木星は〜とか、盛り塩を置くといいとか、トイレ掃除をするといいとか、玄関を清潔にして〜を置いたらいいとか……、簡単で、手軽で、なんとなく良くなった気がするものを「風水」としています。

　はっきり申しますが、風水には鬼門・裏鬼門はありません。

九紫火星とか三碧木星もありません。盛り塩もしません。もちろん、トイレ掃除はしたほうがいいけれど、掃除を頻繁にしたからといって風水は良くなりません。

　玄関をいつもきれいにしておくのはいいことですが、変なものを置いてはいけません。金運を呼び込むいい玄関ということを前提に申し上げると観葉植物なんて、もってのほかです。金運の良い玄関ほど金運や財運が下がります。高価な石のかたまりを玄関に置いている家や会社がたまにありますが、そこは石を置いていい場所なのか？と思うことがあります。

　鏡をたくさん置くと風水が良くなるといって、高価な鏡をたくさん買わせたり、高価な壺を買わせたりする風水もあるようですが、本当に良くなるのでしょうか？

　ところで、あなたの家とお隣の家は同じですか？

　マンションなら隣の部屋とあなたの部屋は、間取りは同じかもしれませんが、使い方から置いてあるものなど全てが同じなわけがないですよね。もちろん住んでいる人も違います。

　そうなんです！　家は一つ一つ違うのです！

　住んでいる人も一人一人違うのだから風水が同じなはずがないのです。

　だから、皆が同じようにやっても効果が出ないのです。

第3章

私が経験を積んできた
本物の風水

日本に広まっている風水と中国古来の風水は、どちらも古代中国の古典『易経』や陰陽五行説が基本となっていますが、日本の風水は家相や九星気学などを取り入れているものが多いです。最も大きな違いは、本物の風水は、住む環境を人に合わせて調整するということです。その結果、周りの氣から変わっていきます。

　世の中には、中国から伝わってきた多種多様な風水や占術が存在していますが、ここでは私が10年ほど経験を積んできた本物の風水のお話をしていきます。

　※ここで私がいう本物の風水とは、効果の高い風水を指します。


# （1）八宅派の風水

　私が風水鑑定でよく使う「八宅派」という流派についてご説明します。

　八宅派では、人を「八卦」と呼ばれる8つのパターンに当てはめて鑑定を行います。

　八卦とは、易学で使われる64種類の卦の基本となる8つの卦のことです。それぞれに名前があり、「坎」「坤」「震」「巽」「乾」「兌」「艮」「離」と呼ばれます。

八宅派の風水において、自然界に存在するすべてのものは、この「八卦」で表現できると考えられています。もちろんそれだけで人のすべてを理解する事はできませんが、おおまかな性質を把握する事はできるのです。

また、その人がどの八卦に属するかを示すものを「本命卦」と呼び、これを基に方角の吉凶や環境との相性を読み解きます。この本命卦を知るには、次のような簡単な計算でわかります。

## 本命卦の出し方

生まれた年と性別で、計算方法が変わります。

誕生日が2月4日の立春の前に生まれた人の場合は、前年で計算します。

### 【例1】1968年12月生まれ女性の場合

生まれた年の西暦の数字を一つずつ足していきます。

1＋9＋6＋8＝24　足した数字が2桁になった場合、1の位の数字と10の位の数字を足し、1桁にします。2＋4＝6

ただし、2月4日の立春の前に生まれた人は、前の年の1967年で計算してください。

女性の場合は、1桁の数字に4を加えます。6＋4＝10→1＋0＝1→1で坎命となります。

どの本命卦になるかは出てくる数字で決まります。

1→坎（かん）

2→坤（こん）

3→震（しん）

4→巽（そん）

5→男性は坤（こん）、女性は艮（ごん）

6→乾（けん）

7→兌（だ）

8→艮（ごん）

9→離（り）

## 【例2】1968年12月生まれ男性の場合

例1と同じように数字を一つずつ足していきます。

1＋9＋6＋8＝24　1の位の数字と10の位の数字を足し、1桁にします。2＋4＝6

ここまでは、先ほどの女性の例と同じです。

男性の場合は、11から6を引きます。11－6＝5で坤命となります。

第3章　私が経験を積んできた本物の風水

【例3】1968年1月3日生まれ男性の場合

　この場合は、誕生日が2月4日の立春の前なので前年の
1967年で計算します。

　1＋9＋6＋7＝23　1の位の数字と10の位の数字を足し、1桁
にします。2＋3＝5

　先ほどと同じで、男性なので11から5を引きます。11－5
＝6で乾命となります。

　どうでしたか？　簡単でしょ？

　この割り出し方を使って、あなたの本命卦を調べてみてく
ださい。


## 八卦もイメージすると理解しやすくなる

　私のイメージですが、兌が本命卦なら、みんなでにぎやか
に楽しく過ごしたい人という感じがしますし、乾命の人は正
義感が強く、高級志向の人が多いような気がします。

　人で言うなら兌命は純真無垢な少女というイメージですし、
乾命なら正しい戦いを挑む将軍というところでしょうか？

　このように八卦もイメージすると理解しやすくなるのでは

33

ないかと思います。


〈八卦のイメージ〉

1→坎（かん）　寡黙な物思いにふける策略家

2→坤（こん）　働き者で、大きな懐を持つ包容力のある
　　肝っ玉母さん

3→震（しん）　よく怒るけど、実はみんなの発展を願って
　　いる意識高めのお兄さん

4→巽（そん）　ふとどこかに飛んでいくような風のように
　　気ままなお姉さん

5→男性は坤（こん）忍耐強く地道な努力家
　　女性は艮（ごん）お金儲けが上手な起業家

6→乾（けん）　権力があって厳しい高級志向のお父さん

7→兌（だ）　純真無垢でいつも楽しそうに遊んでいる小さ
　　い女の子

8→艮（ごん）　跡取りとして生きなければならない適応能
　　力のあるしっかり者の三男

9→離（り）　派手でにぎやかで楽しいことが大好きな、い
　　るだけで華のある真ん中の姉さん


　八卦って、こんなイメージでしょうか。

## 八卦が表すもの

　先ほど、自然界に存在するすべてのものは八卦で表現できると言いましたが、方角や家族も下記のように表します。

　東＝震＝雷＝長男・春・朝・始まり・成長・伸長・発展など

　西＝兌＝澤＝少女・秋・夕方・収縮・収穫・飲食・遊興など

　南＝離＝火＝中女・夏・正午・華やか・賑やか・享楽・離合集散など

　北＝坎＝水＝中男・冬・夜中・静か・柔軟・研究・生命の根源など

　東北＝艮＝山＝少男・土用・夜中1時〜5時・貯蓄・不動産・跡継ぎ・墓など

　東南＝巽＝風＝長女・春から夏・7時〜11時・遠方・契約・結婚・まとまるなど

　西南＝坤＝地＝母・土用・13時〜17時・安定・忍耐・努力・病・労働など

　西北＝乾＝天＝父・秋から冬・19時〜23時・権威・高級・仕事・正義など

## (2) 玄空飛星派の風水

　玄空飛星派は、時間と空間を組み合わせた高度な風水の判断方法で、「最速の効果がある」とも言われています。「玄空」という言葉の意味は、「玄」が時間の流れを、「空」が空間を指しています。

　この流派では、長期的な時間の変化をとても重視しており、その変化を「三元九運」と呼んでいます。

　「三元九運」とは、180年という大きな周期を、上元、中元、下元の3つに分けます。各元はそれぞれ60年で構成されております。さらにこれを20年ごとに、3つの運に分割し、全部で9つの運を生み出しています。

　玄空飛星派では、この「三元九運」をもとに、時代が変わるごとに家の吉方位も変わると考えます。この「時代ごとに変化する吉方位」が、玄空飛星派の大きな特徴のひとつです。

# 第4章

## 風水を取り入れた
## 住まいづくりで開運しよう！

## 繁栄する家と繁栄しない家がある

　話は変わりますが、あなたが家を求めるときに、何をポイントにしますか？

　間取り？　立地？　デザイン？　交通の便や校区なども選択基準の中に入ってくるかもしれません。

　その他にもいろいろあるでしょう。

　では、立地が良くて繁栄しない家と、立地は悪くても繁栄する家、どちらを選びますか？

　また、間取りが良くて繁栄しない家と、間取りが悪くて繁栄する家では、どうでしょう？

　さらには、おしゃれでデザイン性に優れているけど繁栄しない家と、そこまでおしゃれではないし、デザイン性もまあまあだけど繁栄する家とでは、どちらを選びますか？

　なぜ、こんなことをお聞きするのかというと、駅の近くには健康が脅かされる家やマンションがあったり、おしゃれでデザイン性の高い高級住宅なのに、金運・財運が低迷しそうな家が多く見られるからです。

　新居に住みはじめて普通に生活していたら、サラリーマンなら上司に引き立てられ、とんとん拍子に出世していくようなケースもあれば、前のマンションに住んでいたときに営業

38

成績が良く昇給もしたので、駅近の便利なマンションに住みかえたら急に営業成績が落ちて酒浸りになり、人生が奈落の底に落ちていくというようなケースもあります。

　また、新築住宅を建てて間もなく、一家のお父さんやご主人が単身赴任で遠方に転勤になったり、病気で入院したり、ひどいときは亡くなってしまったりするケースもあります。

　これは西北の欠けが原因の場合が多いです。全てがその家のつくりだけに原因があるとは限りませんが、良い氣も悪い氣も３つ重なると発現し、そうなるケースが非常に多いのです。

　こちらは受講生に起こった出来事です。

【例1】受講生浅野さんの家の場合

　講座の受講生の一人である浅野さんは、建築して３年くらい経った頃、会社から辞令が出て単身赴任となりました。

　風水鑑定をしてみると、浅野さんの家は西北が欠けた家でした。さらに敷地も角地だったので西北の欠けが２つ重なっていました。さらにここに３つ重なっていると、その家のお父さんやご主人が住みにくい家となってしまうのです。せっかく家を建てたのに自分では住むことができない家になって

しまっていたのです。

　単身赴任先の2DKのマンションでは、まず場所の氣を整えたのですが、風水鑑定をしてみると、寝るのに適した場所がなく、唯一キッチンは寝ても大丈夫な場所と思われたので、そこで寝てもらいました。

　翌日から目覚めがスッキリして身体も軽くなったとのことだったので、さらに3つの氣を整えました。すると翌月には周囲の氣が変わり、営業も大型案件の成約がどんどん増えていきました。そのため報奨金がいつもの3倍出て、その次の月には給料が上がり、その2か月後には昇進して部長になったそうです。これからもどんどん良くなっていくことでしょう。

## 【例2】3店舗所有の会社経営者様の場合

　この方が所有している3店舗とも売り上げがなかなか安定しなかったので、いろいろなビジネスセミナーに参加して、セミナー講師の言うことを全部やってみたそうです。しかし、何も変わらなかったということで、「風水でどうにかなりませんか？」と私に相談メールがありました。

　早速会社に伺い風水鑑定をしてみると、問題がいろいろありました。ご自宅もお店も土地や建物の形が悪いのです。

その後処方をしてから2か月くらいで安定してきたと、連絡がありました。

さらに、いいスタッフがなかなか入らないということでしたので、追加処方をしました。色のついた太極マークを会社のあちらこちらに貼ってもらったところ、午前中に貼って、午後に応募があったとのことでした。

## 【例3】売り上げが伸び悩んでいたIT会社様の場合

売り上げが伸び悩んでいるということで、IT会社様から鑑定依頼がありました。

会社に伺ってみると、オフィスには幅1.5mくらいの熱帯魚の入った大きな水槽が置かれていました。

風水鑑定をしてみると、そこは金運が下がる場所であるため水槽を置いてはいけない場所だったので、金運の良くなる場所に吉時に移動するようにアドバイスをしました。

社長は、はじめは「移動するには業者を呼ばなければいけないから、またお金がかかるなあ」と思っていたようですが、「よし、やってみるか！」と水槽の移動を決意しました。

水槽を動かそうと決意したあたりから仕事の注文依頼が増えて、スタッフもだんだん増えていきました。最終的には売り上げが3倍ほどになり、スタッフもかなり増えたので、広

いオフィスに引っ越しをされました。


## 【例4】住宅会社様の場合

　ある住宅会社の営業担当者より、長い間売れていない分譲住宅があり、このまま売れないと中古住宅で売らなければいけなくなるという切実な相談がありました。1日でも早く売りたいということで鑑定依頼があったのです。

　そこはちょうどT字路の突き当たりにあり、T字路口となっていましたので、まずは八卦鏡を道路の突き当たりにあたるポーチの照明に吊り下げてもらいました。

　そして、誰も住んでいない分譲住宅でしたが、金運アップの処方を2か所に施しました。次の日は内覧会ということで、タイミングもばっちりでした！

　次の日、さっそく朝一番に全額キャッシュで購入されるお客様がいらっしゃって、無事に販売完了となりました。


## 【例5】受講生Cさんの場合

　Cさんは機織り教室を経営されている方です。それまでさまざまな占いを受けてきたけれど何も変わらなかったので、風水鑑定協会の講座で風水を学び始めました。そして講座で学んだとおりに教室に“山や川”をつくったら、わずか1週間

第4章　風水を取り入れた住まいづくりで開運しよう！

でオンラインショップの売り上げが2倍になり、教室の生徒も2倍になったとのこと。自分で鑑定ができるようになったので、ご主人の会社の鑑定もやっているそうです。

## 【例6】受講生Dさんの場合

　書店で買った風水の本に「北枕で寝るといい」と書いてあったので、北枕で寝ていたら体調が悪くなり、病院通いの生活になったというDさん。本物の風水を知りたいということで風水鑑定協会の風水講座を学びはじめました。家の図面がないとの事で、こちらで図面を作成し鑑定しました。そして学んだとおりに"山"をつくったら体調が回復し、病院に通わなくてもよくなりました。そのうえ会社では周りも羨むような重要ポストに大抜擢され、さらに嬉しいことに息子さんも娘さんも同じ時期に昇進したそうです。

　※山の意味については第5章で説明します。


　私が風水鑑定をした事例や受講生の風水鑑定事例をいくつかご紹介しましたが、どの事例も短期間で具体的な効果を実感しておられるのをおわかりいただけましたでしょうか？　この他にもたくさんの事例があります。

　まだまだ本物の風水が日本には浸透していないために、い

い加減な情報を信じて、北枕で寝て体調を崩したとか、登校
拒否や引きこもりが治らないとか、うつ病になったりとか、
このようなことがあちこちで起こってしまうのです。しかし、
本物の風水を少し知っているだけで、それを防いで良い運氣
を招くことは可能なので、しっかり本物の風水の真理を学ん
で生活に役立てていただけるはずです。

　そういう意味でも、この本がお役にたてるのではないかと
思っています。紙面の制限もあり詳しいことまで書けない事
も多いですが、本物の風水がどのようなものなのか、事例な
どを通して概要だけでも知っていただけるのではないでしょ
うか？


## リフォームのNGケース

　リフォームの場合では、たとえば高齢者が住む家をリ
フォームするときに、夜でもトイレに行きやすいように寝室
のドアのすぐ向かいにトイレを増設したり、寝室の中にトイ
レを作ってしまうケースが多いですね。これはNGです。そ
の部屋に寝ている人が病気になりやすくなります。

　また、玄関からまっすぐ庭や外が見える家は、財や健康運
が漏れる漏財宅です。財だけでなく、体調が悪くなり医療費

44

にお金がかかったり、無駄なところにお金がかかるようになります。

　実は、風水で最も重要なのは、寝る場所です。人間は、寝ているときは無意識状態になるので、「氣」のパワーが半分くらいになります。それに寝ているときは、ほとんどその場から動かないので、私たちを守る「氣」のパワーが半減したうえに、6時間〜8時間はその場から動かないので、悪い氣のところに寝ていたら、身体に悪い氣がどんどん染み込んで病気になるのです。寝る場所は、健康運や人間関係運を左右します。寝るという事は、健康や人の考え方、次の日のパフォーマンスに大きな影響を与えます。働くにしても、遊ぶにしても、学ぶにしても元気が一番大切です。元気じゃないとそもそも何もやる気が起きないですよね。

　次に大切なのが、あなたの金運を左右する門、つまり日本の家であれば玄関なのです。

　建物の向きが良くても風水的に最適な場所に玄関がないと、せっかくの金運アップ効果が期待できません。玄関こそが、この建物の性質を決めているのです。

　建物の向きの事を「向（こう）」、その反対の方位を「座（ざ）」と言います。

　この座向（ざこう）を決められるようになれば、「風水師として一人

前」と先生には言われています。

　確かに実際に鑑定をしてみると、日本には「向」をどこでとればいいのか、迷う家が多いです。便利さを追求するあまり、あちこちに出入り口があり、その場所の氣が散り、家のパワースポットであるはずの玄関が、スポットになっていなかったりするのです。

## 本物の風水を取り入れた 質の良い家づくりをしてほしい

　不思議なことに、金運がある人は金運のある土地を選び、金運の上がる家を選びます。逆に健康を害しやすい人は、健康運の下がる土地を選び、健康運の下がる家に住んでいます。どうしても好き嫌いの感情で選ぶと、人間は馴染みがあるものを選ぶ習性があります。引っ越ししたり、家をつくるなら本物の風水を取り入れた質の良い、人生を豊かに導く家づくり・家選びをしていただきたいものです。

　実は、若いご夫婦がマイホームを建築する際、住宅会社のセールスマンの誘導によって間取りを決めていくことがよくあります。そのときに「風水」と言って「家相」で観ているケースがとても多いのです。

46

第4章　風水を取り入れた住まいづくりで開運しよう！

「風水、観てもらったの？」と聞くと、ほとんどの若い奥さん方から「鬼門とか裏鬼門とかのアレですよね?!」のような軽い答えが返ってくるのです。

　私は心の中では「違う、違う！」と思いつつも、「それは家相で、風水とは違うものなのよ」と軽めに返すようにはしていますが、少し間違うと大変なことになります。

　住宅ローン最長期間である35年間は、その家と付き合わなければならなくなるので、凶作用の強い家を建ててしまうと35年ももたずに、5年とか10年で売りに出す結果になりかねません。凶作用の強い家は、それほど大きな影響がご家族に出てくるのです。

　新しいおしゃれな中古住宅が売りに出ていたら、用心して考えないといけません。それを安いからと言って飛びついて買うと、次の犠牲者になりかねません。

　家を建てたなら幸せに安心して楽しく暮らしたいと誰もが思っているはずです。だとしたら、本物の風水を取り入れた質の良い家づくりをしてください。そうすれば、あなたの人生もご家族の人生も順風満帆に進むことでしょう。

## リフォームにも風水の知識は不可欠

　リフォームについても同じことが言えます。

　せっかくリフォームするのでしたら、リフォーム後の人生がより健やかに、より心豊かに過ごせるようにリフォームしたいものです。

　金運が良くないなら玄関の向きを変えるとか、水回りの位置が悪いなら水回りの位置を変えるとか、寝る場所が良くないなら寝室の位置を変えるとか……、そのためには、風水の知識は不可欠です。

　玄関をリフォームするときはカーテンの色や壁紙の色などを変えるチャンスでもあります。あなたにストレスを与えるマイナスのパワーを五行に合わせて抑えることで、プラスのパワーの強さが増します。これが場所の氣を整えるということです。

　欠けがある家だったのなら、欠けのない家にするべきですし、向かいのビルなどからストレスを受けている玄関であれば、ストレスを受けなくするような角度や位置に変えることが重要です。

　同じリフォームでも、ただ壁紙を変えたり、床材を新しくしたり、ユニットバスを新しくしたりするだけでは、何も変

第4章　風水を取り入れた住まいづくりで開運しよう！

わりません。少しだけ風水を取り入れてみてはいかがでしょうか？

　リフォーム後、家族みんなが、さらに明るく楽しく豊かに生活できるように最善を尽くしたいものです。氣のいい家には、自然にいろんな人が集まってきますから良いことが起こるはずです。

　風水を始めると、受講生からは驚きの声が届きます。それは、風水を理解し、自分の家での足りない氣を常に補うことを頭の片隅に置いているからでしょう。風水鑑定をしてもらうだけではそうはいかないでしょう。成功率に格段の差が出ます。

第5章

運氣の上がる土地を探そう

# こんな土地はNG

　住みたい地域が決まったら、次は土地やマンションの部屋選びですが、まず気をつけていただきたいのは、突き当たりや角地・角部屋は良くないので選ばないことです。特に土地は、角地を選んで何かが重なると、家族の誰かがいなくなったりします。不動産屋さんは価値ある土地ということで、角地を少し高い金額で販売したりしていますが、とにかく良くないのです。

　それから最近は、かっこいいからといって玄関先にシンボルツリーを1本植えているケースもありますが、これも場所によっては良くないのです。植える場合は、場所を考えて植えないと金運・財運が下がりますし、さらに悪いことが起こったりもします。

　それから道路のカーブの外側に沿った敷地もNGです。勢いのある殺気が向かってきてしまうからです。

　このように悪いと言われているところは、いくら価格がお値打ちでも避けた方が賢明です。

　実は、時代によって、これから良くなる土地や値段が下がっていく土地などいろいろあります。

　同じ値段でも、風水的に見て、いい土地・悪い土地はもち

第5章　運氣の上がる土地を探そう

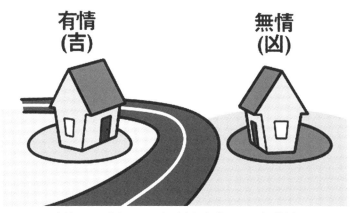

有情は川や道路のカーブの内側、無情はカーブの外側

高架道路のカーブした外側の気が、マンションに向かってくる

Ｔ字路の突き当たり

ろんあります。

　この、誰が見てもわかる形の風水のことを「巒頭(らんとう)」といいます。

　たとえば、Ｔ字路(じろ)の突き当たりは、前述しましたようにＴ字路口となり、路冲殺(ろちゅうさつ)に見舞われてしまいますから、よくお店が次から次へ変わったりします。住宅分譲地でもよく見かけますが、少し値段が安いからといって購入すると、住んだ後にいろいろな問題が起こりやすくなります。どうしてかというと、突き当たりにあるお店や土地にはまっすぐな殺気（これを死龍(しりゅう)といいます）が直撃するからです。

第5章　運氣の上がる土地を探そう

# 氣の悪いところでは
# 本来のパワーを発揮できない

　風水鑑定協会の主催で、どなたでも参加できるお茶会やランチ会が年に4回ほど全国各地で開催されていますが、その会でも参加者の方々には毎回「氣」を体感していただいています。

　いろいろな氣の実験をしますと、人は悪いところに立っていると人間が持っている本来のパワーやパフォーマンスを発揮できなくなるのがわかります。

　家の中では廊下の突き当たりも同じ原理です。その突き当たりが東なら長男に問題が出やすく、西なら家族の中で一番年の若い女性に問題が出やすくなります。

　といっても、それだけでは通常は出ないのですが、何かが重なるとその人限定で問題として出てしまうのです。なので、悪いことは重ねないことが重要ですが、風水を学んでいないと、その「重ねない」ということの意味がどのようなことか、わかりにくいと思います。そこで、皆さんにも理解していただけるように、風水の鑑定の仕方や3つの氣の合わせ方を第3章と第6章で簡単に説明していますので参考にしてお使いください。

55

## 【超重要！】時代や山・川の位置などを考慮して探す

　土地を探すときには、前述した他にも、

・現在はどんな時代か

・どこに山があり、どこに川や水があったらいいのか

・どんなところを目安に探せばいいのか

など、大事なポイントがあります。

　土地を探すときに、「現在はどんな時代か」とか「どこに山があり、どこに川や水があったらいいのか」などまったく気にしない人が多いかと思いますが、風水的に観た場合、早期にスピーディーに効果を出したい場合は、時代は無視できない要件の一つになります。

　ちょっと横道にそれますが、大事なことなのでその意味について簡単に説明します。

## 「時代」を重視する理由

　八宅派風水は時間の流れを重要視していませんが、玄空飛星派の風水では「時代の流れに従って吉凶が移り変わる」という考え方をしています。

第5章　運氣の上がる土地を探そう

　たとえば、1990年に建築された商店の入り口が西を向いているとしましょう。

　その場合、こんなことが推測できます。つまり「2003年頃までは、きっとその商店は繁盛していただろうが、その後2004年からは急激に売り上げが落ちたに違いない」と。

　その根拠は、2003年までは玄関に吉星がきていたので商売繁盛したが、時代が変わり、吉星が変わったために、入り口は凶の入り口となってしまったと推測できるからです。

　このように、時代が変わると吉方位も変わるのです。

　三元九運では、1984年〜2004年立春までを7運とし、2004年〜2024年立春までを8運としています。

　これにともない吉星も変わります。7運の吉星は7と8ですが、8運の吉星は8と9なので、入り口に7があった場合は、7が吉星から凶星に大きく変化してしまい、売り上げが急に落ちたと想定できます。

　このように玄空飛星派の風水では、建築年と建物の向きがポイントになってきます。

　あなたの家も何年に建築された建物なのか、建物の向きはどちらを向いているのかがわかれば、吉がどちらの方位にあるのか、または金運に大きく関わる入り口に吉星がついているのか、健康運に関わるベッドの位置に吉星があるかなどを

57

調べることができます。

　その時代ごとの玄空飛星派の座向盤を100〜108ページに載せましたので、参考にしてお使いください。


# 「山と川（水）」を重視する理由

　続いて「どこに山があり、どこに川や水があったらいいのか」ということについても少し説明しましょう。

　実は、玄空派の風水には、玄空飛星で使われている三元 九運という長期的な時間（時代）の変化をとらえる考え方と、玄空六法や玄空大卦で使われている二元八運というとらえ方があります。

　二元八運の場合は、すでに2017年から時代は変わっていますが、三元九運の場合は、2024年2月4日が時代の変わり目になります。

　時代が変わると何が変わるのかというと、人々の好みや活躍する人たち、世界の状況や繁栄する地域など多岐にわたって変わります。

　そして、2024年から変わったその時代を「九運」と呼びます。

　九という数字は、後天八卦では離＝南を表し、南に山があ

るところに九運龍という龍が棲んでいて、その龍が九運という時代を察知すると起動して、北の水を飲みに飛来するのです。

　家を建てるなら、もしくはこれから住むマンションを探すなら、南に山があり北に水がある場所が良いとされています。

　しかしながら、近代の都市生活では、山や川・海・湖などが身近にあるものではありません。従って、近代都市では大きな秀麗なビルは山とみなされ、駅や道路の交差点などは川とみなされています。

　従って、2024年2月4日〜2044年2月4日は、南に秀麗なビルがあり、北に駅や交差点がある場所を選べば運が上がっていくということになります。少なくとも周囲の環境や他の要因で、運が悪くなっているのでなければ、この条件が整った場所は吉なので金運・財運も上がり、健康や人間関係も良くなります。

　さらには、西に山があり東に川があると、二重に効果が高まると思われます。

　マンションなら2004年2月4日〜2024年2月4日までに建築されたマンションのほうが、運は上がりやすいと感じています。特に真南・真北・南南西・北北東向きのマンションは金運・財運が上がり、健康・人間関係も良くなります。

59

ただし、マンションの向きが3度〜5度ずれると大凶になってしまう場合がありますので、マンションや中古住宅、分譲住宅など移転先をお選びになるときは参考にされるといいかと思います。


# 土地選びは成功率が高くなる順番で決める

　さらに、成功率が高くなる順番もあります。これは大変重要なので知っておくと便利です。私はこの順番をとても重視しています。


## 成功率が高くなる順番

① 2024年（令和6年）は九運なので、南に山（ビル）があり、北に水（駅・交差点）がある場所を選ぶ

② 2024年2月4日〜2044年2月4日に建築された物件は、真北向きか真東向きの玄関にする、もしくはそのようなところを選ぶ

③ 角地や突き当たりは選ばない

④ 敷地は正方形・長方形・台形など形が整ったものを選ぶ

⑤ マンションや分譲住宅・敷地などは、極端に価格が安い

ものを選ばない

⑥ 最終的には筋反射チェック（筋肉の反射によって悪い場所かとかストレスを受けているかなどを目でみてチェックする方法）をして決定する


　決めるときは、必ず「欠け」がないことを確認してください。家が欠けていたら足せばよいですが、土地が欠けていると足すことができません。家の欠けたところを足すにしても大きな費用が必要となってきますので、後から困らないように風水の知識を身につけておくことは大切です。


## なぜ成功率が高くなるのか、その理由

　私はこの「成功率が高くなる順番」をとても重視しています。これからその理由をご説明します。


### ①「2024年（令和6年）は九運なので、南に山（ビル）があり、北に水（駅・交差点）がある場所を選ぶ」

　2024年2月4日から時代が変わり「九運」になり20年続くので、九運龍が起動するには九運龍が棲むための山がないと

龍は棲むことができません。南に山がない地域には九運龍は棲んでいないので、この2024年〜2044年の20年間は、繁栄は望めません。だから南にビル・北に駅や交差点がある場所を確保してほしいのです。


## ②「2024年2月4日〜2044年2月4日に建築された物件は、真北向きか真東向きの玄関にする、もしくはそのようなところを選ぶ」

　九運に建築される建物は、厳密に見れば、少しでも角度が違うとまったく違う運の家になってしまうので、無難な真北向きと真東向きを紹介します。

　私が使う玄空飛星では、15度ずつ24方位に分けて鑑定するのですが、3度〜5度違っていたりすると違う運氣の家になってしまうことがあります。ですから角度はきちんと方位磁石で1度単位で正確に測る必要があります。そういうわけで、一般の人にもわかりやすく説明しやすい真北と真東に家が向くような土地やマンションなら間違いないでしょう。

## ③「角地や突き当たりを選ばない」

　角地は、出入口の向きによって、右か左に隣家がない状態になります。普通に考えると利用価値が高い土地として販売されるわけですが、実は隣家が続いていないために、その出入口に集まるはずの氣が散ってしまうのです。

　突き当たりは、氣が集まるものの、その場所で流れが悪くなり滞ってしまうので、何らかの問題が発生しやすくなります。東の突き当たりなら長男に影響が出やすくなったりします。

　氣が滞ると調子が悪くなるということは、まさしく私達の身体と同じですね。

## ④「敷地は、正方形・長方形・台形など形が整ったものを選ぶ」

　敷地はいびつな形をしていてはいけません。どこかが欠けていたり角がたくさんあるような土地はNGです。さらに三角地も、道路や川のカーブの外側もNGです。そういう土地は安いかもしれませんが、売れないから値が下がるのです。

　直観力の高い人は、そのような場所は購入しません。それ

に、運がいい人は金額で良し悪しを判断しません。あくまで
も自分にとってどうか、家族にとってどうかで判断します。

　また、価格が高く運氣も悪くなるのが角地です。角地がな
ぜ良くないかというと、家の玄関というのは、これから自分
や家族のパワースポットになる場所なのです。そのパワース
ポットの氣を守るのが、左は青龍で右が白虎なのですが、角
地だとどちらか一方の氣の連続性がなくなってしまうのです。
パワースポットのパワーを散らないように守ってくれる建物
や構造物が必要なのですが、角地ではすぐに道路なので、い
くらパワーがあっても氣が散ってしまうので、パワーを溜め
こむことができなくなるのです。

　氣の連続性とは隣に家が立ち並んでいる状態を言います。
たとえば、北向きの家でも北と東が道路なら北と東には家が
ありませんね。道路を渡った向かいにはありますが、すぐ横
にはありません。つまり氣の連続性が失われていて、家のパ
ワーが道路の氣で流されて散ってしまいます。

　そうすると、青龍は陽で男性を表すので、男性のパワーが
弱くなってしまいます。しかも東や北も陽という意味がある
ので、さらに男性のパワーが弱くなります。このように青龍
＋東のように男性の氣が二重に散らされてしまうと、特に長
男のパワーが激減してしまうのです。

64

第5章　運氣の上がる土地を探そう

このような場合、さらに追い打ちをかけるように、家の東のポーチの部分がへこんでいたりすると、青龍＋土地の東＋家の東と3つの氣のパワーがなくなっている状態になりますので、三重苦になります。

ここで共通するのが、この家の長男です。その結果、ここにはこの家の長男は住めなくなってしまうのです。

家を建てたら急に単身赴任が決まったとか、家を建てて3年〜5年くらい経ったら病気になって入院したとか、愛人ができて帰ってこなくなったとか、ひどいときは亡くなったりします。理由はさまざまですが、とにかくここには長男が住めない家になってしまうのです。ですから、欠けがなく角地や袋小路でもなく、T字路でもないところを選んでほしいのです。

さらには、形が整っていない敷地や家は欠けができやすく、氣が安定しません。バランスが悪いのです。

こんな例もあります。その家は、お寺とお墓の中間地点にありました。すぐ前がお寺で家のすぐ後ろがお墓でした。なんでこんなところに家を建てたのかと聞いたところ、安かったからということでした。話をよく聞くと、お子さんたちが小学生になり、お盆過ぎくらいからここ何か月か、子供たち

65

がよく骨折して帰ってくるということでご相談にいらっしゃいました。

　敷地と家の図面を拝見すると、特に西と東北に大きな欠けがありました。西は八卦では兌で少女という意味もあります。さらに東北は八卦では艮で少男という意味もあります。土地も家も西も東北も大きく欠けているのです。

　その家の女の子は腕を骨折、男の子は左足を骨折したそうです。土地もギリギリ、家もギリギリに建築しているので、欠けをなくそうと思ってもなくすことができません。それにこれは私の直感ですが、風水ももちろん良くないのですが、他の原因もあるのではないかと感じたので、霊感の強い地場調整の先生をご紹介しました。

　地場調整後に、お子さんたちの骨折騒ぎは落ち着いたようです。このように風水の力ではどうしようもないこともあり、風水鑑定をお断りしなければいけないケースもあります。このようにならないように、後悔しないように、事前に知識を得ておくことは重要なことではないでしょうか？

第5章　運氣の上がる土地を探そう

## ⑤「マンションや分譲住宅・敷地などは、価格が安いものを選ばない」

　マンションや分譲住宅・敷地などは、価格が安いものを選ばないことが大切です。価格が安いものには、なかなか売れない、なかなか借り手がつかない、やっと住み手が決まったのにすぐ出ていってしまうなど、それなりの理由があるということです。最悪なのは、土地なら角地、マンションなら角部屋です。価格が高いうえに風水が悪い。確かに有効利用はできるでしょうが、有効利用したら、おそらく健康や人間関係が害されるでしょう。


　実は、私もそういう経験があるのです。私の以前の家には三方向に道路があったので、新しく家を建てた時には、一方向だけ道路がある土地を買い求めました。しかし、前面にしか道路がないと思って土地を購入したのですが、実は裏に農道があったのです。

　そういう場合は、金運・財運はいいのですが、健康や人間関係が崩れたりします。私の場合は、そういう運命なんだと腹をくくりました。道路は一方向以上あってはいけないのです。

67

たとえば、築5年の中古住宅が格安で販売されていたとして
も、これは絶対にやめたほうがいいです。価格が極端に安
いものは3年とか5年くらい経過すると住み心地が悪くなり、
住んでいられなくなるような状況になるのです。格安物件を
手に入れることができてラッキーと、ぬか喜びしないでくだ
さい。むしろアンラッキーなのですから。

　ということで、価格が極端に安いものは選んではいけませ
ん。むしろ、良いものをちょっと頑張って購入したり、借り
たほうが自分も気持ちがいいし、風水もいいはずです。なぜ
なら、そういう生活レベルの人が、その周辺には住んでいる
はずですから。人は最終的には周囲の人の氣に囲まれてなじ
んでいくので周辺住民くらいの繁栄はできるのです。ただし、
見栄の張り過ぎは自分を破滅に追い込むので、ご注意くださ
い。


## ⑥「最終的には筋反射チェックをして決定する」

　人は良くない場所にいたり、余計なストレスを受けたりす
ると力が入らなくなります。私たちの潜在意識は、このこと
に密かに気づいているはずなのですが、その事実を信じよう
とはしないのです。しかし身体は正直なもので、筋肉の反射

によって悪い場所かとかストレスを受けているかなどを目で
みてチェックすることができます。これを筋反射チェックと
いいます。

　自分が選んだ物件がいいかどうかを、最後はご自身の筋反
射チェックで試してみましょう。私はお客様の土地選びにも、
この方法を使っています。

　筋反射チェックをご存知ない方はネットで検索して調べて
いただいてもよいですし、私のランチ会やお茶会でもご紹介
しています。何か月かに一度開催しているのですが、どなた
でも参加できますので、そちらに参加して体験されてもよい
でしょう。


## ほんの少しの風水の知識があれば 後悔せずにすむのに……

　ほんの少しの風水の知識があれば、家を建ててから後悔せ
ずにすむのですが、新築住宅の風水鑑定依頼者の多くは、土
地が決まっているとか、間取りがもう変えられない状態であ
るとか、工事が終わっているとか、これから引っ越しすると
ころといった状態になってから相談にいらっしゃいます。

　土地や分譲マンションなら契約前に、新築の注文住宅なら

69

土地選びの前や間取りを決定する前に風水鑑定を依頼してくれたらなあと常々思っています。

なぜかというと、決める前なら工事をやり直すこともないですし、風水鑑定料が同じ料金で、ご自身に一番合う、これから繁栄するような土地や間取りなどを事前にアドバイスができるからです。事前にアドバイスできれば、－30点からのスタートではなく、＋30点からのスタートができるのです。そこに＋50点の風水を追加したら、－30点からのスタートだと＋20点にしかならないですが、＋30点からスタートしたら、トータルで＋80点にもなるのです。あなたは＋30点と＋80点、どちらの人生を選びますか？

間取りが決まってから相談にいらっしゃる方には、初めから相談してくださったら、もっと良くなるようにアドバイスできるのにといつも残念に思います。

すでにお住まいの家がある場合は、大きくは変えようがないので仕方ないのですが、土地は契約する前なら、間取りは決定する前なら変えることができます。予算が十分あって、おしゃれな家を好む人ほど注意が必要です。

## 風水鑑定は計画する前に相談することが重要

　冒頭でもお話したように、風水は計画が固まった後に鑑定すべきものではなくて、引っ越しや移転、新築・リフォームなどを計画する前に相談することが重要です。

　そして、これから20年間は繁栄する土地で、繁栄する家で、吉時に引っ越しをしたら、心配事がなくなり、おのずとご家族が繁栄し続けるようになるでしょう。

　風水の効果を最大限あなたの人生に取り入れようと思われたら、まずは土地の風水を知り、あなたの吉方位を予備知識として学んでから、不動産屋さんに行って土地を探し、建築士さんから間取り図を作ってもらったほうが、やり直しもなく無駄な打ち合わせ時間などもなくスムーズに進みます。そして、あなたにぴったりの開運風水住宅ができます。「東北の鬼門や西南の裏鬼門は凶」などという単純なものではなく、風水は住む人や時代によって当然変わってくるのです。

# 第6章

## なぜ3つの氣を整えると
## 成功するのか？

## 自己開運の方法と秘訣

　これまで3つの氣を整えると風水効果が格段にパワーアップすると何度かお話してきましたが、3つの氣を整えるとなぜ成功するのか、ここではその理由と使い方および秘訣（ひけつ）について説明します。

## 「3つの氣」とは？

　中国の言葉に「一命二運三風水四積陰徳五讀書（いちめいにうんさんふうすいよんつみいんとくごどくしょ）」という言葉があります。いい人生を歩むのに重要なのは、この順番であるという意味だと私は捉えています。

　一は、生まれたときに天から与えられた命（めい）
　二は、その与えられた命に時の流れが重なってそれをどう生きるかという運（うん）
　三は、住環境と周囲の地域環境である風水
　四は、お墓参りや先祖を敬うといった自分が正しいと思う徳である陰徳（いんとく）を積むこと
　五は、書を読んで知識を深めること

第6章　なぜ3つの氣を整えると成功するのか？

　実際にはこの後に「六名七相八敬神 九 交貴人 十 養生」と
続き、それぞれ次のような意味になります。

　六は、名前（姓名判断）
　七は、人相
　八は、神を敬う心
　九は、高貴な人と交流すること
　十は、心身の養生が大切

　これを簡単にまとめたのが、3つの氣（人の氣、場所の氣、
時間の氣）を調整する風水なのです。そのため人の人生の吉
凶において大切なのは「1命・2運・3風水」と言われていま
す。
　古代の中国の人々は、この10項目を重要と考え、日々精進
することで人生を豊かにできると考えて実践していました。
　この3つの氣（人の氣・場所の氣・時間の氣）を整えれば
健康に過ごすことができ、いい運を呼び寄せ、一瞬で過ぎ去
るチャンスをつかむ確率が飛躍的に伸びることを、私も仕事
を通していつも感じています。

75

## 「3つの氣を整える」とは？

　風水の効果が現れるときとは、ダイヤルが3つある大きな金庫の秘密の数字が揃った時のようなものだと思います。

　ダイヤルが少しズレていても、一つだけ合っていなくても、その金庫は開きません。そのダイヤルがぴったりカチッと合ったとき、開運の扉が開くのです。

　「3つの氣」とは天・人・地です。

　つまり天＝時、人＝住む人、地＝場所、この3つの氣が揃って初めて開運の扉が開きます。


## 3つの氣が揃うと大きなパワーになる

　ご自身を開運していくのに重要なことは、何か一つやったから効果が出るはずとは思わないことです。何度も繰り返すようですが、最低でも3つの氣を重ねる必要があると私は考えています。

　中国の風水でも四柱推命でも、日本でしか使われていない九星気学でも使っているのは、三合会局という考え方です。3つが揃うと大きなパワーを発揮するというものです。

　3つ揃えるために、四柱推命で命式を鑑定して人の氣を整

え、風水で場所の氣を整え、奇門遁甲で時間の氣を整えて、チャンスをつかむのです。

　たとえば、Ａさんは命式の中に申と子があって、そこに辰年がやってきたら、Ａさんはその年だけ水がものすごく強い人になります。それがＡさんに良い影響を与えるか、悪い影響を与えるのかは、Ａさんの命式のバランスによります。

　さらにたとえると、申・子・辰が揃った、その三合水局がＡさんに悪い影響を与える場合だったとしましょう。そうしたときＡさんは五行の水に関するトラブルを抱えることになります。水難ではありません。一例をあげると、腎臓や膀胱の病気になったりします。恐れの感情が大きくなったりもします。

　本場の四柱推命であれば、いつ頃どんなトラブルが発生しそうかなど、Ａさんの命式のバランスで他にもいろいろな事象を推測することができます。

　水がＡさんに良い影響を与える場合はどうでしょう。

　Ａさんが起業家の場合は、体調も良く、良い人と出会うチャンスが多くなり、考え方も変わって生活も豊かになっていきます。

Aさんがサラリーマンの場合は、周りの人に優しくできて、人からの信頼を得られるようになり、上司からの引き立てもあって早く昇進することでしょう。

　Aさんが主婦の場合は、ご主人の毎日の労をねぎらい、夫婦仲も良くなり、お子さんも健やかに育っていくことでしょう。

　このように3つ揃うと大きなパワーになるのです。

　単に3倍になるのとは違います。3乗くらいの感じでしょうか。たとえば感覚的に2の開運処方をやったら、2の3乗で8になる……、みたいな感じです。


# 3つ以上の方法を併用して
# 開運のチャンスを広げる

　私が鑑定をするときは、八宅派風水や玄空飛星派風水の他に玄空六法や水法、四柱推命などを使います。そして、奇門遁甲で開運のチャンスを広げるのです。

　もちろん、一つずつ使っても十分効果がある場合もありますが、風水鑑定の経験上、3つ以上併用したときのほうが、成功率が高くなるのです。

第6章　なぜ3つの氣を整えると成功するのか？

# 奇門遁甲について

奇門遁甲は、日本ではまだ馴染みが少ない占術ですので、簡単に解説します。

## 〈奇門遁甲を構成する要素〉

八門・八神・天蓬九星・天盤干・地盤干というもので構成されます。

(ⅰ) 八門

休門→健康運に大吉。リラックス効果があり、冷静に対処するという意味もある

生門→お金に大吉。商談や営業に使うと良い

傷門→借金の申し込みに吉。住宅ローンや事業ローンの借り入れに吉

杜門→人との関りを持たずに、逃げる・隠れる・囲まれるという意味

景門→お祝い・華やかなどの意味

驚門→予定どおりに進まない。不測の事態が発生する

開門→仕事運アップに良い。相手の本心を知りたい時に使

79

う。商談にも良い

死門→停滞を表す


## (ii) 八神

直符<sub>ちょくふ</sub>→程よく余裕があり、富貴な神。その盤のポイントを
　　示している

螣蛇<sub>とうだ</sub>→虚耗の神であり、嘘やいつわり、幻影などを示す

太陰<sub>たいいん</sub>→月なので、陰の神である。年配の女性を示すことも
　　ある

六合<sub>りくごう</sub>→集合体の神。集まるといい事も悪い事もパワーを発
　　揮する

勾陳<sub>こうちん</sub>(白虎<sub>びゃっこ</sub>)→狂暴な神。ケガや事故、手術などを示す

朱雀<sub>すざく</sub>(玄武<sub>げんぶ</sub>)→権謀術数に長けた策略的な神。盗賊なども表す

九 地<sub>きゅうち</sub>→きわめて低い所、低い土地。ゆっくり、慢性

九 天<sub>きゅうてん</sub>→最も高い所。速い。スピーディー、権威、急性


## (iii) 天蓬九星

天蓬星<sub>てんほうせい</sub>→陰、隠れて、暗くて見えない、泥棒などの意味

天任星<sub>てんにんせい</sub>→貯める、留める。安定

天衝星<sub>てんしょうせい</sub>→成長、急に、突然、衝突

天輔星<sub>てんほせい</sub>→文化、教育、補助、サポート

第6章　なぜ3つの氣を整えると成功するのか？

天英星→華やか、教育、口舌
てんえいせい

天芮星→病気、忍耐
てんだいせい

天 柱 星→狡猾、破壊
てんちゅうせい

天心星→指導、導き
てんしんせい

天禽星→皇帝、統率
てんきんせい


（iv）天盤干・地盤干

　これは十干十二支の十干のことです。おおまかな意味を説明しましょう。

　甲（こう・きのえ）大木・大樹

　乙（おつ・きのと）ツル・ツタや草花、薬草

　丙（へい・ひのえ）太陽

　丁（てい・ひのと）地上の火

　戊（ぼ・つちのえ）岩盤・岩山

　己（き・つちのと）砂・土

　庚（こう・かのえ）硬い金属・武器

　辛（しん・かのと）傷つきやすい柔らかい金属・貴金属

　壬（じん・みずのえ）海・川・湖の水

　癸（き・みずのと）雨・霧・靄


　八門・八神・天蓬九星・天盤干・地盤干は、この意味だけ

81

にとどまるものではありませんが、こんな感じでイメージしていただければよいかと思います。

## 奇門遁甲はいろいろな占いに使うことができる

　奇門遁甲は吉方・吉時を探すだけではなく、いろいろな占いをすることができます。

　たとえば、うちの主人はよく物を紛失するのですが、愛用のコルセットをなくしたときは以下のような盤でした。これを見ると、探し物は家の近くまたは北の方にあって、探している人はすぐに探すことができると出ています。それを主人に言うと、ハッとして、北の駐車場のほうに行き、車の中で

占った時の盤（2015年5月16日子時）

第6章　なぜ3つの氣を整えると成功するのか？

見つけたとのことでした。奇門遁甲は的中率も高く、学ぶほ
どにおもしろい占術だなと感じています。

　本場の風水や四柱推命、奇門遁甲の具体的な解説は、紙面
の制限上、省かせていただきますが、読者の皆さんが使える
ように、無料のアプリも出ていますので、お試しになるとい
いかと思います。多くの無料アプリは、文字の色が吉は赤、
凶は黒とか青だったりします。この場合は、凶は青で、黒は
半吉半凶です。ただし監修している先生によって、内容が違
う場合もありますので、ご注意ください。

# 第7章

その時代の吉凶を読み解き、
氣を調整するのが本物の風水

## 本物の風水とは？

　風水とは「人・場所・時間」の「3つの氣」を調整し、人生の運氣を整えて快適に生きる方法で、中国からきた技術です。

　本物の風水とは次のような要素が揃っている風水です。

・3つの「氣」を調整すること

・陰陽五行の自然の法則に沿うこと

・「殺」＝ストレスを減らすこと

・「山川」を整えること

・「住む人」に場の氣を調和させること

　私はご相談にいらっしゃるお客様や風水鑑定協会の受講生に、より効果を実感してもらえるように、いろいろな手法を用いていますが、その中で重要なのは、この「人・場所・時間」の3つの氣を整えることだと感じています。

## 日本の風水のおかしなところ

　日本の風水のおかしなところは、たとえば、風水は風水の先生、四柱推命は四柱推命の先生、卜占（毎日の出来事を占

第7章　その時代の吉凶を読み解き、氣を調整するのが本物の風水

う技術）は卜占の先生……、といったように多種多様に分かれているところです。

　さらに吉日は気にするが、吉時は気にしないところです。

　多くの人の人生を揺るがすような不幸な出来事は、その「時間」に起きています。朝はいつもどおり出勤したのに、帰りに通り魔に遭うとか、仕事中に事故に遭うとか、重要なのはその時間です。しかも、1日に2時間〜4時間は、必ず悪い時間が存在します。

　このような時間の性質を知っていようがいまいが、時間は刻々と流れていきます。誰も止めることはできない。危険な事象に遭遇したくないならば、凶の時間はなるべく意識せずに危険な事象に出合いそうな行動は避けたほうがいいのではないでしょうか？　もちろん、その事象を知ったとしても避ける事ができない場合もあるかもしれません。でも、私は知らないよりは知った方がいいと思っているので、受講生にはお勧めしています。

　その「時間の質」を読むのが奇門遁甲です。

　実は、陽宅風水・四柱推命・奇門遁甲、この3つが最低でもできないと、本来の風水はできないのです。なぜかというと、その人が悪い状態にあるのは、住んでいる場所の影響なのか、それとも今は悪い命運なのか、あるいは引っ越した時

間が影響しているのか？　これらは、たまたま他の何かの影響
で起こっているのか、その悪い原因を探らなくてならないから
らです。

　中国の本物の風水を学び実践してきた私は、3つの氣であ
る天の時・地の利・人の和を整えてこそ、風水が最大限に発
揮されると考えています。

　日本では、奇門遁甲が使えない風水師が多いように感じま
すが、実はそれはありえないのです。金運アップするのに水
を吉時に動かしますが、その吉時を選定するのが奇門遁甲だ
からです。もちろん、吉時を選定するのは奇門遁甲でなくて
もかまいませんが、私は、奇門遁甲を使えない風水師は、金
運アップ処方ができない風水師と考えています。


# 風水鑑定士は“家の鍼灸師”

　家でも職場でも、その場その場で目に見えない氣が流れて
います。

　目に見えないからこそ、そこにどんな氣が流れているのか、
分析が必要になります。

　その分析方法も1種類で観るよりも3種類以上の技術を
使って観たほうが、内容がよくわかり、成功する確率は当然

ながら上がります。

　私たちの身体でいうと、身体には全身くまなく氣血が巡っています。氣血が滞ると体調が悪くなります。何か調子が悪くなった時に、鍼灸師は、要所のツボを刺激して氣血の巡りを良くします。お医者様の場合は、診察して病気を予測すると、適した薬を処方し、患者に、「様子を見てくださいね」と必ず言います。

　その薬が、効果があればいいのですが、効果がなかったら他の病気も考えられますし、同じ病気でも違う薬の方が効く場合があるからです。効果がなければさらに検査をするなどして、原因を究明します。

　風水鑑定士は「家のお医者様」または「鍼灸師」です。

　最も効果がある家の中の運氣アップのツボや人間関係を良くするツボ、最も大切な健康運アップのツボを探し出し、そのツボを刺激したり調整したりするのです。または、その家の氣の滞りをなくすためにその場に合う薬を出します。そうすると、関係が悪くなっていた夫婦仲が良くなったり、体調が悪かった家族が元気になったり、仕事が思うように進まず収入も安定しなかった人が、収入が安定するようになったりします。

　事例を2つあげてみましょう。

## （1）あるシングルマザーの例

　風水的に良くないアパートに住んでいたあるシングルマザーの話です。

　そのアパートには長く住んでいてはいけないと風水アドバイスをしましたら、悩みに悩んだ末に、娘さんの大学進学を機に風水に合わせた家を建てることを決断したのです。

　風水を整えた新築の家に住みはじめて1か月後にはシングルマザーご自身が昇進して、娘さんが希望の大学に合格しました。進学に伴って学費など費用の負担も多くなりましたが、風水の悪いアパートに暮らしていたときより、ボーナスも出るようになり、お金のやりくりが楽になったそうです。


## （2）講座受講生（男性）の例

　もう一つは、風水の最悪な家に住んでいた受講生（男性）の例です。奥様がいくら病院に通っても体調が良くならないのは、もしかしたら自分が住んでいる家が良くないのではないかと思って、風水講座を受講し始めました。風水を学んでいろいろやってみたものの、なかなか効果がはっきり表れませんでした。

そうこうしているうちに別に住んでいたお孫さんにショッキングなことが起こったため、それを機に持ち家を手放して風水のいい家を探そうと決心しました。決心してから2か月後、近所に風水のとてもいい家が売りに出ていたので、思い切ってその家に住み替えることにしました。幸い追加費用がほとんどかからず購入することができました。敷地も広くなり、バーベキューができるくらいの広い庭も手に入りました。引っ越ししてからは、奥様の体調もみるみる良くなったばかりではなく、ご主人（受講生）の仕事も充実して責任のある仕事を任されるようになったそうです。


## 風水は一つではない

実は、風水は一つではないのです。いろいろな研究者がいて、いろいろなやり方があります。周囲の環境を観る方法もいくつもあります。

そもそもあなたの家にいい氣が流れてきているのかを鑑定する手法や、広い土地であれば、その広い敷地のどの場所に建てたら、風水のいい家を建てることができるかとか、さらには家族みんなが健康で、みんな仲良く暮らすことができて、金運や財運が上がる間取りはどのようにしたらいいのかなど、

一つの方法だけで鑑定して大きく繁栄させることは難しいでしょう。多くの風水の知識を持っている鑑定士だけが、あなたに合うこの世にたった一つの風水住宅のアドバイスをすることができるのです。

世の中には主に中国から伝わった多種多様な風水や占術が存在します。

日本に広く出回っているのは八宅派風水です。正しくは、八宅派は陰宅風水（お墓の風水）がないので陽宅風水の流派です。

八宅派の他に、紫白九星派、玄空飛星派の風水をはじめ、玄空大卦や三合派などいろいろな風水の技術が数限りなくあります。全てを学ぶのは不可能ですが、私が学んできた本物の風水では、できるだけいろいろな角度から3つの氣を調整していくので成功率が高まるのです。


# 風水は魔法ではない

3つの氣を整える風水は目的別に使用します。たとえば、金運を上げたいなら金運を上げる方法を使い、健康運を上げたいなら健康運を上げる方法を使います。その他、試験運や恋愛運、結婚運などを上げたい場合もそれぞれ違うやり方をし

第7章　その時代の吉凶を読み解き、氣を調整するのが本物の風水

ます。

　ここでお断わりしておきたいのは、風水で何でも解決できると思っている人がたまにいますが、風水は魔法ではないということです。年間100万円しか稼げない人が、急に3億円も稼げるようにはならないのと同じです。

　風水を学ばずに鑑定を依頼してくる人の約10％、すなわち10人に1人が、風水をしたら必ず金運が上がるとか、必ず健康になるといったような妄想に囚われている場合があります。

　科学のトップを行く医学でさえ、たとえば同じステージ4の癌患者が同じ治療を受けた場合、100％治るでしょうか。そんなことはありません。患者の体質や性格、年齢などで結果は変わっていくのです。風水もこれと同じで、「100％」はないのです。

　私は相談にみえるお客様や講座の受講生には、より効果を実感してもらえるように、いろいろな手法を用いていますが、その中で「人・場所・時間」の3つの氣を整えることがいかに重要であるかということを常に感じさせられています。

# 風水鑑定に欠かせない「八宅方位盤」と「玄空飛星派座向盤」

## （1）八宅方位盤

　生まれた年と性別から導き出すことのできる八卦を「本命卦」といい、本命卦を調べることで、それぞれの人にとっての吉方位と凶方位を知ることができます。

　そして、このように方位と吉凶の書かれたものを八宅方位盤（または八宅盤）といいます。※本命卦の出し方は31ページ〜33ページで説明しています。

　この八宅方位盤の使い方を説明します。

① まず、家がどちらに向いているのかを方位磁石で角度を計ります。その向いている方向を向といい、反対の方位を座といいます。

② 次に家の中心を求めます。その中心を太極といいます。

③ 太極を中心として、太極を通り建物の向に平行な線を1本引きます。

④ ③で引いた線に建物の向の角度を合わせて、八方位に線を引いていきます。

⑤ 本命卦に従って、八方位に八遊星（生気・天医など）を

第7章　その時代の吉凶を読み解き、氣を調整するのが本物の風水

記入していってください。
⑥ まずは八宅派の観方で、ご自宅の風水鑑定をやってみてください。

本命卦　坎・坤・震・巽の八宅方位盤

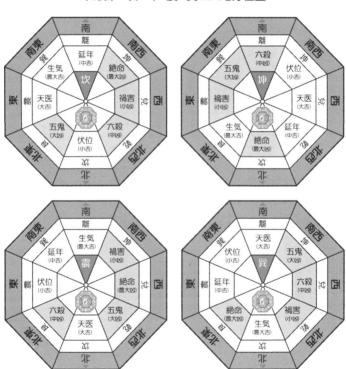

## 本命卦　艮・乾・兌・離の八宅方位盤

第7章　その時代の吉凶を読み解き、氣を調整するのが本物の風水

## （2）玄空飛星派座向盤

玄空飛星派座向盤の使い方を、説明します。

① 先ほどの八宅派と同じように、太極から八方位に分けた線を引きます。

② 座向盤を見て、その場所の上の2つの数字をご自宅の間取り図に記入していきます。

③ その数字の意味を読み解き、吉凶を決めていきます。

## 風水鑑定の手順

### ① 下の座向一覧表で家の角度を測りましょう!

### 座向一覧表

建物の向きが何度になるかを方位磁石で測定し、その座向を確認しましょう!

| | | | | |
|---|---|---|---|---|
| 壬 | みずのえ | 337.5° | 〜 | 352.5° |
| 子 | ね | 352.5° | 〜 | 7.5° |
| 癸 | みずのと | 7.5° | 〜 | 22.5° |
| 丑 | うし | 22.5° | 〜 | 37.5° |
| 艮 | ごん | 37.5° | 〜 | 52.5° |
| 寅 | とら | 52.5° | 〜 | 67.5° |
| 甲 | きのえ | 67.5° | 〜 | 82.5° |
| 卯 | う | 82.5° | 〜 | 97.5° |
| 乙 | きのと | 97.5° | 〜 | 112.5° |
| 辰 | たつ | 112.5° | 〜 | 127.5° |
| 巽 | そん | 127.5° | 〜 | 142.5° |
| 巳 | み | 142.5° | 〜 | 157.5° |
| 丙 | ひのえ | 157.5° | 〜 | 172.5° |
| 午 | うま | 172.5° | 〜 | 187.5° |
| 丁 | ひのと | 187.5° | 〜 | 202.5° |
| 未 | ひつじ | 202.5° | 〜 | 217.5° |
| 坤 | こん | 217.5° | 〜 | 232.5° |
| 申 | さる | 232.5° | 〜 | 247.5° |
| 庚 | かのえ | 247.5° | 〜 | 262.5° |
| 酉 | とり | 262.5° | 〜 | 277.5° |
| 辛 | かのと | 277.5° | 〜 | 292.5° |
| 戌 | いぬ | 292.5° | 〜 | 307.5° |
| 乾 | けん | 307.5° | 〜 | 322.5° |
| 亥 | い | 322.5° | 〜 | 337.5° |

② 何年に建築された建物かを調べて、何運かを確認しましょう！

9運　2024年 〜 2044年

8運　2004年 〜 2024年

7運　1984年 〜 2004年

6運　1964年 〜 1984年

5運　1944年 〜 1964年

4運　1924年 〜 1944年

3運　1904年 〜 1924年・2084年 〜 2104年

2運　1884年 〜 1904年・2064年 〜 2084年

1運　1864年 〜 1884年・2044年 〜 2064年

③ 運盤の座向を見て、図面の八方位に数字を書きうつしましょう！

右の数字　　水星　　金運

左の数字　　山星　　健康運

　　　　　　　　　　人間関係

④ 結果

水星が、9または1または8のところに玄関や出入り口があると金運が上がり商売がうまくいきます。

山星が、9または1または8のところに寝ていると健康運や人間関係が良くなり、社会生活が安定します。

# 玄空飛星派 座向盤　1運（1864年〜1884年、2044年〜2064年）

### 丙座壬向

| | | |
|---|---|---|
| 4 7 / 9 | 9 2 / 5 | 2 9 / 7 |
| 3 8 / 8 | 5 6 / 1 | 7 4 / 3 |
| 8 3 / 4 | 1 1 / 6 | 6 5 / 2 |

### 午座子向・丁座癸向

| | | |
|---|---|---|
| 6 5 / 9 | 1 1 / 5 | 8 3 / 7 |
| 7 4 / 8 | 5 6 / 1 | 3 8 / 3 |
| 2 9 / 4 | 9 2 / 6 | 4 7 / 2 |

### 未座丑向

| | | |
|---|---|---|
| 6 5 / 9 | 2 9 / 5 | 4 7 / 7 |
| 5 6 / 8 | 7 4 / 1 | 9 2 / 3 |
| 1 1 / 4 | 3 8 / 6 | 8 3 / 2 |

### 坤座艮向・申座寅向

| | | |
|---|---|---|
| 8 3 / 9 | 3 8 / 5 | 1 1 / 7 |
| 9 2 / 8 | 7 4 / 1 | 5 6 / 3 |
| 4 7 / 4 | 2 9 / 6 | 6 5 / 2 |

### 庚座甲向

| | | |
|---|---|---|
| 2 9 / 9 | 7 4 / 5 | 9 2 / 7 |
| 1 1 / 8 | 3 8 / 1 | 5 6 / 3 |
| 6 5 / 4 | 8 3 / 6 | 4 7 / 2 |

### 酉座卯向・辛座乙向

| | | |
|---|---|---|
| 4 7 / 9 | 8 3 / 5 | 6 5 / 7 |
| 5 6 / 8 | 3 8 / 1 | 1 1 / 3 |
| 9 2 / 4 | 7 4 / 6 | 2 9 / 2 |

### 戌座辰向

| | | |
|---|---|---|
| 3 8 / 9 | 7 4 / 5 | 5 6 / 7 |
| 4 7 / 8 | 2 9 / 1 | 9 2 / 3 |
| 8 3 / 4 | 6 5 / 6 | 1 1 / 2 |

### 乾座巽向・亥座巳向

| | | |
|---|---|---|
| 1 1 / 9 | 6 5 / 5 | 8 3 / 7 |
| 9 2 / 8 | 2 9 / 1 | 4 7 / 3 |
| 5 6 / 4 | 7 4 / 6 | 3 8 / 2 |

### 壬座丙向

| | | |
|---|---|---|
| 7 4 / 9 | 2 9 / 5 | 9 2 / 7 |
| 8 3 / 8 | 6 5 / 1 | 4 7 / 3 |
| 3 8 / 4 | 1 1 / 6 | 5 6 / 2 |

### 子座午向・癸座丁向

| | | |
|---|---|---|
| 5 6 / 9 | 1 1 / 5 | 3 8 / 7 |
| 4 7 / 8 | 6 5 / 1 | 8 3 / 3 |
| 9 2 / 4 | 2 9 / 6 | 7 4 / 2 |

### 丑座未向

| | | |
|---|---|---|
| 5 6 / 9 | 9 2 / 5 | 7 4 / 7 |
| 6 5 / 8 | 4 7 / 1 | 2 9 / 3 |
| 1 1 / 4 | 8 3 / 6 | 3 8 / 2 |

### 艮座坤向・寅座申向

| | | |
|---|---|---|
| 3 8 / 9 | 8 3 / 5 | 1 1 / 7 |
| 2 9 / 8 | 4 7 / 1 | 6 5 / 3 |
| 7 4 / 4 | 9 2 / 6 | 5 6 / 2 |

### 甲座庚向

| | | |
|---|---|---|
| 9 2 / 9 | 4 7 / 5 | 2 9 / 7 |
| 1 1 / 8 | 8 3 / 1 | 6 5 / 3 |
| 5 6 / 4 | 3 8 / 6 | 7 4 / 2 |

### 卯座酉向・乙座辛向

| | | |
|---|---|---|
| 7 4 / 9 | 3 8 / 5 | 5 6 / 7 |
| 6 5 / 8 | 8 3 / 1 | 1 1 / 3 |
| 2 9 / 4 | 4 7 / 6 | 9 2 / 2 |

### 辰座戌向

| | | |
|---|---|---|
| 8 3 / 9 | 4 7 / 5 | 6 5 / 7 |
| 7 4 / 8 | 9 2 / 1 | 2 9 / 3 |
| 3 8 / 4 | 5 6 / 6 | 1 1 / 2 |

### 巽座乾向・巳座亥向

| | | |
|---|---|---|
| 1 1 / 9 | 5 6 / 5 | 3 8 / 7 |
| 2 9 / 8 | 9 2 / 1 | 7 4 / 3 |
| 6 5 / 4 | 4 7 / 6 | 8 3 / 2 |

吉数→1・2

吉数が入っている方位が吉となり、中宮に吉数が入っている場合は、吉が発揮されない。

※2024年〜2044年の吉凶を見るときは、9と1が吉となります。

第7章　その時代の吉凶を読み解き、氣を調整するのが本物の風水

## 玄空飛星派 座向盤　2運（1884年～1904年、2064年～2084年）

**丙座壬向**

| 7 6 | 2 2 | 9 4 |
|---|---|---|
| 1 | 6 | 8 |
| 8 5 | 6 7 | 4 9 |
| 9 | 2 | 4 |
| 3 1 | 1 3 | 5 8 |
| 5 | 7 | 3 |

**午座子向・丁座癸向**

| 5 8 | 1 3 | 3 1 |
|---|---|---|
| 1 | 6 | 8 |
| 4 9 | 6 7 | 8 5 |
| 9 | 2 | 4 |
| 9 4 | 2 2 | 7 6 |
| 5 | 7 | 3 |

**未座丑向**

| 9 6 | 4 1 | 2 8 |
|---|---|---|
| 1 | 6 | 8 |
| 1 7 | 8 5 | 6 3 |
| 9 | 2 | 4 |
| 5 2 | 3 9 | 7 4 |
| 5 | 7 | 3 |

**坤座艮向・申座寅向**

| 7 4 | 3 9 | 5 2 |
|---|---|---|
| 1 | 6 | 8 |
| 6 3 | 8 5 | 1 7 |
| 9 | 2 | 4 |
| 2 8 | 4 1 | 9 6 |
| 5 | 7 | 3 |

**庚座甲向**

| 5 8 | 9 4 | 7 6 |
|---|---|---|
| 1 | 6 | 8 |
| 6 7 | 4 9 | 2 2 |
| 9 | 2 | 4 |
| 1 3 | 8 5 | 3 1 |
| 5 | 7 | 3 |

**酉座卯向・辛座乙向**

| 3 1 | 8 5 | 1 3 |
|---|---|---|
| 1 | 6 | 8 |
| 2 2 | 4 9 | 6 7 |
| 9 | 2 | 4 |
| 7 6 | 9 4 | 5 8 |
| 5 | 7 | 3 |

**戌座辰向**

| 2 9 | 7 5 | 9 7 |
|---|---|---|
| 1 | 6 | 8 |
| 1 8 | 3 1 | 5 3 |
| 9 | 2 | 4 |
| 6 4 | 8 6 | 4 2 |
| 5 | 7 | 3 |

**乾座巽向・亥座巳向**

| 4 2 | 8 6 | 6 4 |
|---|---|---|
| 1 | 6 | 8 |
| 5 3 | 3 1 | 1 8 |
| 9 | 2 | 4 |
| 9 7 | 7 5 | 2 9 |
| 5 | 7 | 3 |

**壬座丙向**

| 6 7 | 2 2 | 4 9 |
|---|---|---|
| 1 | 6 | 8 |
| 5 8 | 7 6 | 9 4 |
| 9 | 2 | 4 |
| 1 3 | 3 1 | 8 5 |
| 5 | 7 | 3 |

**子座午向・癸座丁向**

| 8 5 | 3 1 | 1 3 |
|---|---|---|
| 1 | 6 | 8 |
| 9 4 | 7 6 | 5 8 |
| 9 | 2 | 4 |
| 4 9 | 2 2 | 6 7 |
| 5 | 7 | 3 |

**丑座未向**

| 6 9 | 1 4 | 8 2 |
|---|---|---|
| 1 | 6 | 8 |
| 7 1 | 5 8 | 3 6 |
| 9 | 2 | 4 |
| 2 5 | 9 3 | 4 7 |
| 5 | 7 | 3 |

**艮座坤向・寅座申向**

| 4 7 | 9 3 | 2 5 |
|---|---|---|
| 1 | 6 | 8 |
| 3 6 | 5 8 | 7 1 |
| 9 | 2 | 4 |
| 8 2 | 1 4 | 6 9 |
| 5 | 7 | 3 |

**甲座庚向**

| 8 5 | 4 9 | 6 7 |
|---|---|---|
| 1 | 6 | 8 |
| 7 6 | 9 4 | 2 2 |
| 9 | 2 | 4 |
| 3 1 | 5 8 | 1 3 |
| 5 | 7 | 3 |

**卯座酉向・乙座辛向**

| 1 3 | 5 8 | 3 1 |
|---|---|---|
| 1 | 6 | 8 |
| 2 2 | 9 4 | 7 6 |
| 9 | 2 | 4 |
| 6 7 | 4 9 | 8 5 |
| 5 | 7 | 3 |

**辰座戌向**

| 9 2 | 5 7 | 7 9 |
|---|---|---|
| 1 | 6 | 8 |
| 8 1 | 1 3 | 3 5 |
| 9 | 2 | 4 |
| 4 6 | 6 8 | 2 4 |
| 5 | 7 | 3 |

**巽座乾向・巳座亥向**

| 2 4 | 6 8 | 4 6 |
|---|---|---|
| 1 | 6 | 8 |
| 3 5 | 1 3 | 8 1 |
| 9 | 2 | 4 |
| 7 9 | 5 7 | 9 2 |
| 5 | 7 | 3 |

吉数→2・3
吉数が入っている方位が吉となり、中宮に吉数が入っている場合は、吉が発揮されない。
※2024年～2044年の吉凶を見るときは、9と1が吉となります。

# 玄空飛星派 座向盤　3運（1904年～1924年、2084年～2104年）

## 丙座壬向

| | | |
|---|---|---|
| 6 9 / 2 | 2 4 / 7 | 4 2 / 9 |
| 5 1 / 1 | 7 8 / 3 | 9 6 / 5 |
| 1 5 / 6 | 3 3 / 8 | 8 1 / 4 |

## 午座子向・丁座癸向

| | | |
|---|---|---|
| 8 7 / 2 | 3 3 / 7 | 1 5 / 9 |
| 9 6 / 1 | 7 8 / 3 | 5 1 / 5 |
| 4 2 / 6 | 2 4 / 8 | 6 9 / 4 |

## 未座丑向

| | | |
|---|---|---|
| 8 7 / 2 | 4 2 / 7 | 6 9 / 9 |
| 7 8 / 1 | 9 6 / 3 | 2 4 / 5 |
| 3 3 / 6 | 5 1 / 8 | 1 5 / 4 |

## 坤座艮向・申座寅向

| | | |
|---|---|---|
| 1 5 / 2 | 5 1 / 7 | 3 3 / 9 |
| 2 4 / 1 | 9 6 / 3 | 7 8 / 5 |
| 6 9 / 6 | 4 2 / 8 | 8 7 / 4 |

## 庚座甲向

| | | |
|---|---|---|
| 4 9 / 2 | 9 5 / 7 | 2 7 / 9 |
| 3 8 / 1 | 5 1 / 3 | 7 3 / 5 |
| 8 4 / 6 | 1 6 / 8 | 6 2 / 4 |

## 酉座卯向・辛座乙向

| | | |
|---|---|---|
| 6 2 / 2 | 1 6 / 7 | 8 4 / 9 |
| 7 3 / 1 | 5 1 / 3 | 3 8 / 5 |
| 2 7 / 6 | 9 5 / 8 | 4 9 / 4 |

## 戌座辰向

| | | |
|---|---|---|
| 5 3 / 2 | 9 7 / 7 | 7 5 / 9 |
| 6 4 / 1 | 4 2 / 3 | 2 9 / 5 |
| 1 8 / 6 | 8 6 / 8 | 3 1 / 4 |

## 乾座巽向・亥座巳向

| | | |
|---|---|---|
| 3 1 / 2 | 8 6 / 7 | 1 8 / 9 |
| 2 9 / 1 | 4 2 / 3 | 6 4 / 5 |
| 7 5 / 6 | 9 7 / 8 | 5 3 / 4 |

## 壬座丙向

| | | |
|---|---|---|
| 9 6 / 2 | 4 2 / 7 | 2 4 / 9 |
| 1 5 / 1 | 8 7 / 3 | 6 9 / 5 |
| 5 1 / 6 | 3 3 / 8 | 7 8 / 4 |

## 子座午向・癸座丁向

| | | |
|---|---|---|
| 7 8 / 2 | 3 3 / 7 | 5 1 / 9 |
| 6 9 / 1 | 8 7 / 3 | 1 5 / 5 |
| 2 4 / 6 | 4 2 / 8 | 9 6 / 4 |

## 丑座未向

| | | |
|---|---|---|
| 7 8 / 2 | 2 4 / 7 | 9 6 / 9 |
| 8 7 / 1 | 6 9 / 3 | 4 2 / 5 |
| 3 3 / 6 | 1 5 / 8 | 5 1 / 4 |

## 艮座坤向・寅座申向

| | | |
|---|---|---|
| 5 1 / 2 | 1 5 / 7 | 3 3 / 9 |
| 4 2 / 1 | 6 9 / 3 | 8 7 / 5 |
| 9 6 / 6 | 2 4 / 8 | 7 8 / 4 |

## 甲座庚向

| | | |
|---|---|---|
| 9 4 / 2 | 5 9 / 7 | 7 2 / 9 |
| 8 3 / 1 | 1 5 / 3 | 3 7 / 5 |
| 4 8 / 6 | 6 1 / 8 | 2 6 / 4 |

## 卯座酉向・乙座辛向

| | | |
|---|---|---|
| 2 6 / 2 | 6 1 / 7 | 4 8 / 9 |
| 3 7 / 1 | 1 5 / 3 | 8 3 / 5 |
| 7 2 / 6 | 5 9 / 8 | 9 4 / 4 |

## 辰座戌向

| | | |
|---|---|---|
| 3 5 / 2 | 7 9 / 7 | 5 7 / 9 |
| 4 6 / 1 | 2 4 / 3 | 9 2 / 5 |
| 8 1 / 6 | 6 8 / 8 | 1 3 / 4 |

## 巽座乾向・巳座亥向

| | | |
|---|---|---|
| 1 3 / 2 | 6 8 / 7 | 8 1 / 9 |
| 9 2 / 1 | 2 4 / 3 | 4 6 / 5 |
| 5 7 / 6 | 7 9 / 8 | 3 5 / 4 |

吉数→3・4
吉数が入っている方位が吉となり、中宮に吉数が入っている場合は、吉が発揮されない。

第7章　その時代の吉凶を読み解き、氣を調整するのが本物の風水

## 玄空飛星派 座向盤　4運（1924年〜1944年）

### 丙座壬向

| 9 8　3 | 4 4　8 | 2 6　1 |
|---|---|---|
| 1 7　2 | 8 9　4 | 6 2　6 |
| 5 3　7 | 3 5　9 | 7 1　5 |

### 午座子向・丁座癸向

| 7 1　3 | 3 5　8 | 5 3　1 |
|---|---|---|
| 6 2　2 | 8 9　4 | 1 7　6 |
| 2 9　7 | 4 4　9 | 9 8　5 |

### 未座丑向

| 9 6　3 | 5 2　8 | 7 4　1 |
|---|---|---|
| 8 5　2 | 1 7　4 | 3 9　6 |
| 4 1　7 | 6 3　9 | 2 8　5 |

### 坤座艮向・申座寅向

| 2 8　3 | 6 3　8 | 4 1　1 |
|---|---|---|
| 3 9　2 | 1 7　4 | 8 5　6 |
| 7 4　7 | 5 2　9 | 9 6　5 |

### 庚座甲向

| 7 3　3 | 2 7　8 | 9 5　1 |
|---|---|---|
| 8 4　2 | 6 2　4 | 4 9　6 |
| 3 8　7 | 1 6　9 | 5 1　5 |

### 酉座卯向・辛座乙向

| 5 1　3 | 1 6　8 | 3 8　1 |
|---|---|---|
| 4 9　2 | 6 2　4 | 8 4　6 |
| 9 5　7 | 2 7　9 | 7 3　5 |

### 戌座辰向

| 6 2　3 | 1 7　8 | 8 9　1 |
|---|---|---|
| 7 1　2 | 5 3　4 | 3 5　6 |
| 2 6　7 | 9 8　9 | 4 4　5 |

### 乾座巽向・亥座巳向

| 4 4　3 | 9 8　8 | 2 6　1 |
|---|---|---|
| 3 5　2 | 5 3　4 | 7 1　6 |
| 8 9　7 | 1 7　9 | 6 2　5 |

### 壬座丙向

| 8 9　3 | 4 4　8 | 6 2　1 |
|---|---|---|
| 7 1　2 | 9 8　4 | 2 6　6 |
| 3 5　7 | 5 3　9 | 1 7　5 |

### 子座午向・癸座丁向

| 1 7　3 | 5 3　8 | 3 5　1 |
|---|---|---|
| 2 6　2 | 9 8　4 | 7 1　6 |
| 6 2　7 | 4 4　9 | 8 9　5 |

### 丑座未向

| 6 9　3 | 2 5　8 | 4 7　1 |
|---|---|---|
| 5 8　2 | 7 1　4 | 9 3　6 |
| 1 4　7 | 3 6　9 | 8 2　5 |

### 艮座坤向・寅座申向

| 8 2　3 | 3 6　8 | 1 4　1 |
|---|---|---|
| 9 3　2 | 7 1　4 | 5 8　6 |
| 4 7　7 | 2 5　9 | 6 9　5 |

### 甲座庚向

| 3 7　3 | 7 2　8 | 5 9　1 |
|---|---|---|
| 4 8　2 | 2 6　4 | 9 4　6 |
| 8 3　7 | 6 1　9 | 1 5　5 |

### 卯座酉向・乙座辛向

| 1 5　3 | 6 1　8 | 8 3　1 |
|---|---|---|
| 9 4　2 | 2 6　4 | 4 8　6 |
| 5 9　7 | 7 2　9 | 3 7　5 |

### 辰座戌向

| 2 6　3 | 7 1　8 | 9 8　1 |
|---|---|---|
| 1 7　2 | 3 5　4 | 5 3　6 |
| 6 2　7 | 8 9　9 | 4 4　5 |

### 巽座乾向・巳座亥向

| 4 4　3 | 8 9　8 | 6 2　1 |
|---|---|---|
| 5 3　2 | 3 5　4 | 1 7　6 |
| 9 8　7 | 7 1　9 | 2 6　5 |

吉数→4・5
吉数が入っている方位が吉となり、中宮に吉数が入っている場合は、吉が発揮されない。

# 玄空飛星派 座向盤　5運（1944年～1964年）

### 丙座壬向

| | | |
|---|---|---|
| 8 9<br>4 | 4 5<br>9 | 6 7<br>2 |
| 7 8<br>3 | 9 1<br>5 | 2 3<br>7 |
| 3 4<br>8 | 5 6<br>1 | 1 2<br>6 |

### 午座子向・丁座癸向

| | | |
|---|---|---|
| 1 2<br>4 | 5 6<br>9 | 3 4<br>2 |
| 2 3<br>3 | 9 1<br>5 | 7 8<br>7 |
| 6 7<br>8 | 4 5<br>1 | 8 9<br>6 |

### 未座丑向

| | | |
|---|---|---|
| 3 9<br>4 | 7 4<br>9 | 5 2<br>2 |
| 4 1<br>3 | 2 8<br>5 | 9 6<br>7 |
| 8 5<br>8 | 6 3<br>1 | 1 7<br>6 |

### 坤座艮向・申座寅向

| | | |
|---|---|---|
| 1 7<br>4 | 6 3<br>9 | 8 5<br>2 |
| 9 6<br>3 | 2 8<br>5 | 4 1<br>7 |
| 5 2<br>8 | 7 4<br>1 | 3 9<br>6 |

### 庚座甲向

| | | |
|---|---|---|
| 6 2<br>4 | 2 7<br>9 | 4 9<br>2 |
| 5 1<br>3 | 7 3<br>5 | 9 5<br>7 |
| 1 6<br>8 | 3 8<br>1 | 8 4<br>6 |

### 酉座卯向・辛座乙向

| | | |
|---|---|---|
| 8 4<br>4 | 3 8<br>9 | 1 6<br>2 |
| 9 5<br>3 | 7 3<br>5 | 5 1<br>7 |
| 4 9<br>8 | 2 7<br>1 | 6 2<br>6 |

### 戌座辰向

| | | |
|---|---|---|
| 7 5<br>4 | 2 9<br>9 | 9 7<br>2 |
| 8 6<br>3 | 6 4<br>5 | 4 2<br>7 |
| 3 1<br>8 | 1 8<br>1 | 5 3<br>6 |

### 乾座巽向・亥座巳向

| | | |
|---|---|---|
| 5 3<br>4 | 1 8<br>9 | 3 1<br>2 |
| 4 2<br>3 | 6 4<br>5 | 8 6<br>7 |
| 9 7<br>8 | 2 9<br>1 | 7 5<br>6 |

### 壬座丙向

| | | |
|---|---|---|
| 9 8<br>4 | 5 4<br>9 | 7 6<br>2 |
| 8 7<br>3 | 1 9<br>5 | 3 2<br>7 |
| 4 3<br>8 | 6 5<br>1 | 2 1<br>6 |

### 子座午向・癸座丁向

| | | |
|---|---|---|
| 2 1<br>4 | 6 5<br>9 | 4 3<br>2 |
| 3 2<br>3 | 1 9<br>5 | 8 7<br>7 |
| 7 6<br>8 | 5 4<br>1 | 9 8<br>6 |

### 丑座未向

| | | |
|---|---|---|
| 9 3<br>4 | 4 7<br>9 | 2 5<br>2 |
| 1 4<br>3 | 8 2<br>5 | 6 9<br>7 |
| 5 8<br>8 | 3 6<br>1 | 7 1<br>6 |

### 艮座坤向・寅座申向

| | | |
|---|---|---|
| 7 1<br>4 | 3 6<br>9 | 5 8<br>2 |
| 6 9<br>3 | 8 2<br>5 | 1 4<br>7 |
| 2 5<br>8 | 4 7<br>1 | 9 3<br>6 |

### 甲座庚向

| | | |
|---|---|---|
| 2 6<br>4 | 7 2<br>9 | 9 4<br>2 |
| 1 5<br>3 | 3 7<br>5 | 5 9<br>7 |
| 6 1<br>8 | 8 3<br>1 | 4 8<br>6 |

### 卯座酉向・乙座辛向

| | | |
|---|---|---|
| 4 8<br>4 | 8 3<br>9 | 6 1<br>2 |
| 5 9<br>3 | 3 7<br>5 | 1 5<br>7 |
| 9 4<br>8 | 7 2<br>1 | 2 6<br>6 |

### 辰座戌向

| | | |
|---|---|---|
| 5 7<br>4 | 9 2<br>9 | 7 9<br>2 |
| 6 8<br>3 | 4 6<br>5 | 2 4<br>7 |
| 1 3<br>8 | 8 1<br>1 | 3 5<br>6 |

### 巽座乾向・巳座亥向

| | | |
|---|---|---|
| 3 5<br>4 | 8 1<br>9 | 1 3<br>2 |
| 2 4<br>3 | 4 6<br>5 | 6 8<br>7 |
| 7 9<br>8 | 9 2<br>1 | 5 7<br>6 |

吉数→5・6
吉数が入っている方位が吉となり、中宮に吉数が入っている場合は、吉が発揮されない。

第7章　その時代の吉凶を読み解き、氣を調整するのが本物の風水

# 玄空飛星派 座向盤　6運（1964年〜1984年）

**丙座壬向**

| | | |
|---|---|---|
| 9 3 / 5 | 5 7 / 1 | 7 5 / 3 |
| 8 4 / 4 | 1 2 / 6 | 3 9 / 8 |
| 4 8 / 9 | 6 6 / 2 | 2 1 / 7 |

**午座子向・丁座癸向**

| | | |
|---|---|---|
| 2 1 / 5 | 6 6 / 1 | 4 8 / 3 |
| 3 9 / 4 | 1 2 / 6 | 8 4 / 8 |
| 7 5 / 9 | 5 7 / 2 | 9 3 / 7 |

**未座丑向**

| | | |
|---|---|---|
| 2 8 / 5 | 7 4 / 1 | 9 6 / 3 |
| 1 7 / 4 | 3 9 / 6 | 5 2 / 8 |
| 6 3 / 9 | 8 5 / 2 | 4 1 / 7 |

**坤座艮向・申座寅向**

| | | |
|---|---|---|
| 4 1 / 5 | 8 5 / 1 | 6 3 / 3 |
| 5 2 / 4 | 3 9 / 6 | 1 7 / 8 |
| 9 6 / 9 | 7 4 / 2 | 2 8 / 7 |

**庚座甲向**

| | | |
|---|---|---|
| 9 5 / 5 | 4 9 / 1 | 2 7 / 3 |
| 1 6 / 4 | 8 4 / 6 | 6 2 / 8 |
| 5 1 / 9 | 3 8 / 2 | 7 3 / 7 |

**酉座卯向・辛座乙向**

| | | |
|---|---|---|
| 7 3 / 5 | 3 8 / 1 | 5 1 / 3 |
| 6 2 / 4 | 8 4 / 6 | 1 6 / 8 |
| 2 7 / 9 | 4 9 / 2 | 9 5 / 7 |

**戌座辰向**

| | | |
|---|---|---|
| 6 6 / 5 | 2 1 / 1 | 4 8 / 3 |
| 5 7 / 4 | 7 5 / 6 | 9 3 / 8 |
| 1 2 / 9 | 3 9 / 2 | 8 4 / 7 |

**乾座巽向・亥座巳向**

| | | |
|---|---|---|
| 8 4 / 5 | 3 9 / 1 | 1 2 / 3 |
| 9 3 / 4 | 7 6 / 6 | 6 7 / 8 |
| 4 8 / 9 | 2 1 / 2 | 6 6 / 7 |

**壬座丙向**

| | | |
|---|---|---|
| 3 9 / 5 | 7 5 / 1 | 5 7 / 3 |
| 4 8 / 4 | 2 1 / 6 | 9 3 / 8 |
| 8 4 / 9 | 6 6 / 2 | 1 2 / 7 |

**子座午向・癸座丁向**

| | | |
|---|---|---|
| 1 2 / 5 | 6 6 / 1 | 8 4 / 3 |
| 9 3 / 4 | 2 1 / 6 | 4 8 / 8 |
| 5 7 / 9 | 7 5 / 2 | 3 9 / 7 |

**丑座未向**

| | | |
|---|---|---|
| 8 2 / 5 | 4 7 / 1 | 6 9 / 3 |
| 7 1 / 4 | 9 3 / 6 | 2 5 / 8 |
| 3 6 / 9 | 5 8 / 2 | 1 4 / 7 |

**艮座坤向・寅座申向**

| | | |
|---|---|---|
| 1 4 / 5 | 5 8 / 1 | 3 6 / 3 |
| 2 5 / 4 | 9 3 / 6 | 7 1 / 8 |
| 6 9 / 9 | 4 7 / 2 | 8 2 / 7 |

**甲座庚向**

| | | |
|---|---|---|
| 5 9 / 5 | 9 4 / 1 | 7 2 / 3 |
| 6 1 / 4 | 4 8 / 6 | 2 6 / 8 |
| 1 5 / 9 | 8 3 / 2 | 3 7 / 7 |

**卯座酉向・乙座辛向**

| | | |
|---|---|---|
| 3 7 / 5 | 8 3 / 1 | 1 5 / 3 |
| 2 6 / 4 | 4 8 / 6 | 6 1 / 8 |
| 7 2 / 9 | 9 4 / 2 | 5 9 / 7 |

**辰座戌向**

| | | |
|---|---|---|
| 6 6 / 5 | 1 2 / 1 | 8 4 / 3 |
| 7 5 / 4 | 5 7 / 6 | 3 9 / 8 |
| 2 1 / 9 | 9 3 / 2 | 4 8 / 7 |

**巽座乾向・巳座亥向**

| | | |
|---|---|---|
| 4 8 / 5 | 9 3 / 1 | 2 1 / 3 |
| 3 9 / 4 | 5 7 / 6 | 7 5 / 8 |
| 8 4 / 9 | 1 2 / 2 | 6 6 / 7 |

吉数→6・7
吉数が入っている方位が吉となり、中宮に吉数が入っている場合は、吉が発揮されない。

# 玄空飛星派 座向盤　7運（1984年〜2004年）

### 丙座壬向

| 3 2 6 | 7 7 2 | 5 9 4 |
|---|---|---|
| 4 1 5 | 2 3 7 | 9 5 9 |
| 8 6 1 | 6 8 3 | 1 4 8 |

### 午座子向・丁座癸向

| 1 4 6 | 6 8 2 | 8 6 4 |
|---|---|---|
| 9 5 5 | 2 3 7 | 4 1 9 |
| 5 9 1 | 7 7 3 | 3 2 8 |

### 未座丑向

| 5 9 6 | 9 5 2 | 7 7 4 |
|---|---|---|
| 6 8 5 | 4 1 7 | 2 3 9 |
| 1 4 1 | 8 6 3 | 3 2 8 |

### 坤座艮向・申座寅向

| 3 2 6 | 8 6 2 | 1 4 4 |
|---|---|---|
| 2 3 5 | 4 1 7 | 6 8 9 |
| 7 7 1 | 9 5 3 | 5 9 8 |

### 庚座甲向

| 8 4 6 | 4 9 2 | 6 2 4 |
|---|---|---|
| 7 3 5 | 9 5 7 | 2 7 9 |
| 3 8 1 | 5 1 3 | 1 6 8 |

### 酉座卯向・辛座乙向

| 1 6 6 | 5 1 2 | 3 8 4 |
|---|---|---|
| 2 7 5 | 9 5 7 | 7 3 9 |
| 6 2 1 | 4 9 3 | 8 4 8 |

### 戌座辰向

| 9 7 6 | 4 2 2 | 2 9 4 |
|---|---|---|
| 1 8 5 | 8 6 7 | 6 4 9 |
| 5 3 1 | 3 1 3 | 7 5 8 |

### 乾座巽向・亥座巳向

| 7 5 6 | 3 1 2 | 5 3 4 |
|---|---|---|
| 6 4 5 | 8 6 7 | 1 8 9 |
| 2 9 1 | 4 2 3 | 9 7 8 |

### 壬座丙向

| 2 3 6 | 7 7 2 | 9 5 4 |
|---|---|---|
| 1 4 5 | 3 2 7 | 5 9 9 |
| 6 8 1 | 8 6 3 | 4 1 8 |

### 子座午向・癸座丁向

| 4 1 6 | 8 6 2 | 6 8 4 |
|---|---|---|
| 5 9 5 | 3 2 7 | 1 4 9 |
| 9 5 1 | 7 7 3 | 2 3 8 |

### 丑座未向

| 9 5 6 | 5 9 2 | 7 7 4 |
|---|---|---|
| 8 6 5 | 1 4 7 | 3 2 9 |
| 4 1 1 | 6 8 3 | 2 3 8 |

### 艮座坤向・寅座申向

| 2 3 6 | 6 8 2 | 4 1 4 |
|---|---|---|
| 3 2 5 | 1 4 7 | 8 6 9 |
| 7 7 1 | 5 9 3 | 9 5 8 |

### 甲座庚向

| 4 8 6 | 9 4 2 | 2 6 4 |
|---|---|---|
| 3 7 5 | 5 9 7 | 7 2 9 |
| 8 3 1 | 1 5 3 | 6 1 8 |

### 卯座酉向・乙座辛向

| 6 1 6 | 1 5 2 | 8 3 4 |
|---|---|---|
| 7 2 5 | 5 9 7 | 3 7 9 |
| 2 6 1 | 9 4 3 | 4 8 8 |

### 辰座戌向

| 7 9 6 | 2 4 2 | 9 2 4 |
|---|---|---|
| 8 1 5 | 6 8 7 | 4 6 9 |
| 3 5 1 | 1 3 3 | 5 7 8 |

### 巽座乾向・巳座亥向

| 5 7 6 | 1 3 2 | 3 5 4 |
|---|---|---|
| 4 6 5 | 6 8 7 | 8 1 9 |
| 9 2 1 | 2 4 3 | 7 9 8 |

吉数→7・8

吉数が入っている方位が吉となり、中宮に吉数が入っている場合は、吉が発揮されない。

第7章　その時代の吉凶を読み解き、氣を調整するのが本物の風水

# 玄空飛星派 座向盤　8運（2004年〜2024年）

### 丙座壬向

| | | |
|---|---|---|
| 2 5 / 7 | 7 9 / 3 | 9 7 / 5 |
| 1 6 / 6 | 3 4 / 8 | 5 2 / 1 |
| 6 1 / 2 | 8 8 / 4 | 4 3 / 9 |

### 午座子向・丁座癸向

| | | |
|---|---|---|
| 4 3 / 7 | 8 8 / 3 | 6 1 / 5 |
| 5 2 / 6 | 3 4 / 8 | 1 6 / 1 |
| 9 7 / 2 | 7 9 / 4 | 2 5 / 9 |

### 未座丑向

| | | |
|---|---|---|
| 6 3 / 7 | 1 7 / 3 | 8 5 / 5 |
| 7 4 / 6 | 5 2 / 8 | 3 9 / 1 |
| 2 8 / 2 | 9 6 / 4 | 4 1 / 9 |

### 坤座艮向・申座寅向

| | | |
|---|---|---|
| 4 1 / 7 | 9 6 / 3 | 2 8 / 5 |
| 3 9 / 6 | 5 2 / 8 | 7 4 / 1 |
| 8 5 / 2 | 1 7 / 4 | 6 3 / 9 |

### 庚座甲向

| | | |
|---|---|---|
| 9 7 / 7 | 5 2 / 3 | 7 9 / 5 |
| 8 8 / 6 | 1 6 / 8 | 3 4 / 1 |
| 4 3 / 2 | 6 1 / 4 | 2 5 / 9 |

### 酉座卯向・辛座乙向

| | | |
|---|---|---|
| 2 5 / 7 | 6 1 / 3 | 4 3 / 5 |
| 3 4 / 6 | 1 6 / 8 | 8 8 / 1 |
| 7 9 / 2 | 5 2 / 4 | 9 7 / 9 |

### 戌座辰向

| | | |
|---|---|---|
| 8 6 / 7 | 4 2 / 3 | 6 4 / 5 |
| 7 5 / 6 | 9 7 / 8 | 2 9 / 1 |
| 3 1 / 2 | 5 3 / 4 | 1 8 / 9 |

### 乾座巽向・亥座巳向

| | | |
|---|---|---|
| 1 8 / 7 | 5 3 / 3 | 3 1 / 5 |
| 2 9 / 6 | 9 7 / 8 | 7 5 / 1 |
| 6 4 / 2 | 4 2 / 4 | 8 6 / 9 |

### 壬座丙向

| | | |
|---|---|---|
| 5 2 / 7 | 9 7 / 3 | 7 9 / 5 |
| 6 1 / 6 | 4 3 / 8 | 2 5 / 1 |
| 1 6 / 2 | 8 8 / 4 | 3 4 / 9 |

### 子座午向・癸座丁向

| | | |
|---|---|---|
| 3 4 / 7 | 8 8 / 3 | 1 6 / 5 |
| 2 5 / 6 | 4 3 / 8 | 6 1 / 1 |
| 7 9 / 2 | 9 7 / 4 | 5 2 / 9 |

### 丑座未向

| | | |
|---|---|---|
| 3 6 / 7 | 7 1 / 3 | 5 8 / 5 |
| 4 7 / 6 | 2 5 / 8 | 9 3 / 1 |
| 8 2 / 2 | 6 9 / 4 | 1 4 / 9 |

### 艮座坤向・寅座申向

| | | |
|---|---|---|
| 1 4 / 7 | 6 9 / 3 | 8 2 / 5 |
| 9 3 / 6 | 2 5 / 8 | 4 7 / 1 |
| 5 8 / 2 | 7 1 / 4 | 3 6 / 9 |

### 甲座庚向

| | | |
|---|---|---|
| 7 9 / 7 | 2 5 / 3 | 9 7 / 5 |
| 8 8 / 6 | 6 1 / 8 | 4 3 / 1 |
| 3 4 / 2 | 1 6 / 4 | 5 2 / 9 |

### 卯座酉向・乙座辛向

| | | |
|---|---|---|
| 5 2 / 7 | 1 6 / 3 | 3 4 / 5 |
| 4 3 / 6 | 6 1 / 8 | 8 8 / 1 |
| 9 7 / 2 | 2 5 / 4 | 7 9 / 9 |

### 辰座戌向

| | | |
|---|---|---|
| 6 8 / 7 | 2 4 / 3 | 4 6 / 5 |
| 5 7 / 6 | 7 9 / 8 | 9 2 / 1 |
| 1 3 / 2 | 3 5 / 4 | 8 1 / 9 |

### 巽座乾向・巳座亥向

| | | |
|---|---|---|
| 8 1 / 7 | 3 5 / 3 | 1 3 / 5 |
| 9 2 / 6 | 7 9 / 8 | 5 7 / 1 |
| 4 6 / 2 | 2 4 / 4 | 6 8 / 9 |

吉数→8・9
吉数が入っている方位が吉となり、中宮に吉数が入っている場合は、吉が発揮されない。

# 玄空飛星派 座向盤　9運（2024年～2044年）

### 丙座壬向

| | | |
|---|---|---|
| 5 4 / 8 | 9 9 / 4 | 7 2 / 6 |
| 6 3 / 7 | 4 5 / 9 | 2 7 / 2 |
| 1 8 / 3 | 8 1 / 5 | 3 6 / 1 |

### 午座子向・丁座癸向

| | | |
|---|---|---|
| 3 6 / 8 | 8 1 / 4 | 1 8 / 6 |
| 2 7 / 7 | 4 5 / 9 | 6 3 / 2 |
| 7 2 / 3 | 9 9 / 5 | 5 4 / 1 |

### 未座丑向

| | | |
|---|---|---|
| 7 2 / 8 | 2 7 / 4 | 9 9 / 6 |
| 8 1 / 7 | 6 3 / 9 | 4 5 / 2 |
| 3 6 / 3 | 1 8 / 5 | 5 4 / 1 |

### 坤座艮向・申座寅向

| | | |
|---|---|---|
| 5 4 / 8 | 1 8 / 4 | 3 6 / 6 |
| 4 5 / 7 | 6 3 / 9 | 8 1 / 2 |
| 9 9 / 3 | 2 7 / 5 | 7 2 / 1 |

### 庚座甲向

| | | |
|---|---|---|
| 3 6 / 8 | 7 2 / 4 | 5 4 / 6 |
| 4 5 / 7 | 2 7 / 9 | 9 9 / 2 |
| 8 1 / 3 | 6 3 / 5 | 1 8 / 1 |

### 酉座卯向・辛座乙向

| | | |
|---|---|---|
| 1 8 / 8 | 6 3 / 4 | 8 1 / 6 |
| 9 9 / 7 | 2 7 / 9 | 4 5 / 2 |
| 5 4 / 3 | 7 2 / 5 | 3 6 / 1 |

### 戌座辰向

| | | |
|---|---|---|
| 9 9 / 8 | 5 4 / 4 | 7 2 / 6 |
| 8 1 / 7 | 1 8 / 9 | 3 6 / 2 |
| 4 5 / 3 | 6 3 / 5 | 2 7 / 1 |

### 乾座巽向・亥座巳向

| | | |
|---|---|---|
| 2 7 / 8 | 6 3 / 4 | 4 5 / 6 |
| 3 6 / 7 | 1 8 / 9 | 8 1 / 2 |
| 7 2 / 3 | 5 4 / 5 | 9 9 / 1 |

### 壬座丙向

| | | |
|---|---|---|
| 4 5 / 8 | 9 9 / 4 | 2 7 / 6 |
| 3 6 / 7 | 5 4 / 9 | 7 2 / 2 |
| 8 1 / 3 | 1 8 / 5 | 6 3 / 1 |

### 子座午向・癸座丁向

| | | |
|---|---|---|
| 6 3 / 8 | 1 8 / 4 | 8 1 / 6 |
| 7 2 / 7 | 5 4 / 9 | 3 6 / 2 |
| 2 7 / 3 | 9 9 / 5 | 4 5 / 1 |

### 丑座未向

| | | |
|---|---|---|
| 2 7 / 8 | 7 2 / 4 | 9 9 / 6 |
| 1 8 / 7 | 3 6 / 9 | 5 4 / 2 |
| 6 3 / 3 | 8 1 / 5 | 4 5 / 1 |

### 艮座坤向・寅座申向

| | | |
|---|---|---|
| 4 5 / 8 | 8 1 / 4 | 6 3 / 6 |
| 5 4 / 7 | 3 6 / 9 | 1 8 / 2 |
| 9 9 / 3 | 7 2 / 5 | 2 7 / 1 |

### 甲座庚向

| | | |
|---|---|---|
| 6 3 / 8 | 2 7 / 4 | 4 5 / 6 |
| 5 4 / 7 | 7 2 / 9 | 9 9 / 2 |
| 1 8 / 3 | 3 6 / 5 | 8 1 / 1 |

### 卯座酉向・乙座辛向

| | | |
|---|---|---|
| 8 1 / 8 | 3 6 / 4 | 1 8 / 6 |
| 9 9 / 7 | 7 2 / 9 | 5 4 / 2 |
| 4 5 / 3 | 2 7 / 5 | 6 3 / 1 |

### 辰座戌向

| | | |
|---|---|---|
| 9 9 / 8 | 4 5 / 4 | 2 7 / 6 |
| 1 8 / 7 | 8 1 / 9 | 6 3 / 2 |
| 5 4 / 3 | 3 6 / 5 | 7 2 / 1 |

### 巽座乾向・巳座亥向

| | | |
|---|---|---|
| 7 2 / 8 | 3 6 / 4 | 5 4 / 6 |
| 6 3 / 7 | 8 1 / 9 | 1 8 / 2 |
| 2 7 / 3 | 4 5 / 5 | 9 9 / 1 |

吉数→9・1

吉数が入っている方位が吉となり、中宮に吉数が入っている場合は、吉が発揮されない。

# 第8章

## 私と講座受講生の
## 風水鑑定実例

# （1）私が風水鑑定した実例

## 仲間に裏切られた会社経営者の鑑定実例

### 【相談者と相談内容】

　約7年前の出来事です。一人の男性が相談に来られました。

　今まで仲間と一緒に会社をやっていたのだが、その仲間に裏切られて、お金を持ち逃げされてしまったというのです。男性は全てを失ってしまったと肩を落としていましたが、心機一転、また会社を興し、たった一人からやり直す覚悟ができていたのですが、同じ失敗はしたくないので、ご自宅の鑑定を依頼したいとのことでした。

　ご自宅の図面を見てみると、この家は吉格のとてもいい家でしたが、吉が期間限定付きだったのです。

### 【風水鑑定】

　この家では、まず何が問題なのか？

　問題はたくさんあります。その概要を拾い出してみます。

①　東の角地にあるため、男性に不利である。

②　東のポーチのところが欠けているため、やはり男性に不利である。

第8章　私と講座受講生の風水鑑定実例

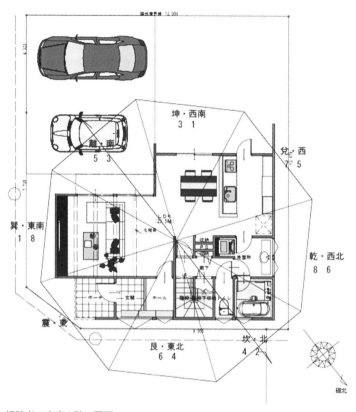

相談者の自宅1階の図面

III

③ 西北が洗面・洗濯で排水されるため健康運が下がり、人間関係に問題が出やすい。

④ 階段の位置が望ましくない。

⑤ キッチンの勝手口は使ってはいけない。使うとケガや事故の恐れがある。

⑥ 東南の化粧梁が、その場にいる人にストレスを与える。

ざっと見ても、このくらいはあげられます。

さらにポーチの横と東南の角に電柱があるので、これも家族にストレスを与える存在となります。

次に2階を見てみると、書斎の机の位置が好ましくありません。机に向かう人の背中は壁や背の高い本棚で守られている状態だといいのですが、この場合は背中がガラ空きになっています。これでは集中力が上がりません。日本の子供部屋は特にこの配置が多いので、お子さんの集中力が上がらなくなります。お子さんの成績アップを願うなら、背中は壁に向けて、その座った位置から左前方にドアが見えるといいでしょう。

さらに全員の寝る場所が良くないです。これでは病気になってしまいます。座向盤の右上の数字が1・8・9の場所は細胞が生き生きと活性化し、自然にやる気がみなぎってくる場所

第8章　私と講座受講生の風水鑑定実例

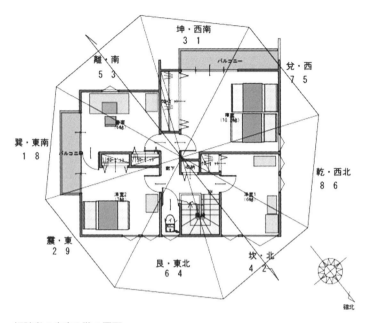

相談者の自宅2階の図面

です。ここで寝ていてもゆっくり休まることはありません。

　寝る場所は、座向盤の左上の数字が1・8・9の場所が絶対条件です。望んでいるのに良縁に出会えていない人や子宝に恵まれない人にも有効ですが、寝る場所は健康運や人間関係、ひいては金運にも関わってきますので、ベストの場所を選びたいものです。

## 【風水処方】

　ここから、何に注意し、何をどう変えたかを説明していきましょう。

① 東南のテレビのある外壁に沿って、高い木を植える。

② 東にポーチを囲むように観葉植物を置く。

③ 化粧梁の真下にいないようにソファをずらす。

④ 東南、西北に観葉植物を置く。

⑤ 寝る場所を東南・西北の範囲に頭が入るようにベッドを設置する。

⑥ 南と北の廊下やトイレには、赤い物・金属の鉄アレイを置く。

⑦ 西南にも赤い物、西のキッチンと西北には黒い物、階段と玄関ホールには黒い物と赤い物、東の玄関には鉄アレイ、東南のリビングには鉄アレイを置く。

⑧ 2階も同様で、東・東南・南・北には鉄アレイ、南・北・西南・東北には赤い物、西・西北・東北には黒い物を置き、悪い氣を抑える。

⑨ 徹底的に悪い氣を抑えたら、東と西南に水槽を設置する。

　いつでもいいわけではなく、奇門遁甲で吉時を選定し、その時間に循環ポンプのスイッチを入れます。

第8章　私と講座受講生の風水鑑定実例

## 【結果】

　この男性が初めて私のところに相談にやってきてから、約7年が過ぎました。

　彼はその後、どうなったのでしょう？

　実は、とても良いビジネスパートナーに恵まれ、たった一人でスタートした会社もスタッフが70名までに成長しました。

　今はさらに海外にも販路を拡大し、新しいビジネスにもチャレンジし、プライベートジェットでアジアの各地を飛び回るほどになっています。

　ただ、やはり「男性に不利で、健康運に問題が出ると」いう私の予想は的中し、3年前の6月に脳溢血で倒れました。幸い意識もはっきりしていて、スタッフと一緒にいたので、すぐに知り合いの医師がいる病院に連れて行ってもらい、処置も適正だったおかげで2週間後に退院することができました。東南に樹木を植えてもらったので、倒れても命をとられるまでには至らず、本当に良かったと安堵しています。その反面、家の事象が現実に起こりうるということを改めて実感させられました。

　この男性自身の四柱推命を見てみると、火が強いので火が災いのもとになりやすいのです。したがって、午月（6月は

115

火が強くなる季節）に脳溢血（脳は火）で火が強くなりすぎて倒れたのだろうと推測しています。日頃の過労とストレスも重なっていたのかもしれません。


## 私が過去に住んでいた家の風水鑑定実例

【風水を仕事にするにあたっての願望】

　まずは、自宅の風水を整えようと考えました。

　風水師として、自分の運氣を良くしていかなければ、誰も信用しないと思ったのです。


【風水鑑定】

　この家では、まず何が問題なのか？

　まずは1階から見ていきましょう。

①　玄関・階段の上り口の場所がよくない。健康運や人間関係に問題が出る家となっている。

②　西南に茶ダンスがあり、財運を阻害している。

③　東に収納棚があり、これも財運を阻害している。

④　東北にキッチンがあり、健康運を害する。

⑤　西にトイレがあり、健康運を害する。

⑥　南・西北が欠けているので、氣のバランスが崩れる。

# 第8章　私と講座受講生の風水鑑定実例

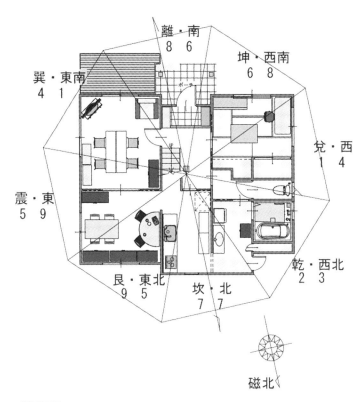

1階平面図

⑦ 北・西北の悪い氣は、洗面・浴室で流される。

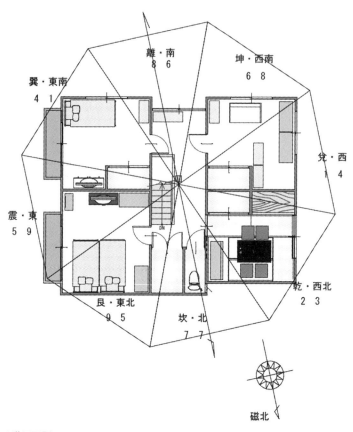

2階平面図

次は2階です。

① 東北の階段が、健康運・人間関係を害する。

② 家族の一人が東南に寝ている。この場所は癒やされることはないだろう。

③ 北の悪い氣は、トイレで流されるので良い。

④ 西の物置部屋は、背の高いタンスがあるので良い。

⑤ 西北の部屋は、客間として使っているので、家族には支障なし。


【風水処方】

① 玄関は、氣を動かしてはいけない場所になるので、一切出入り禁止とした。玄関の代用は、家族もお客様も全員、東南のウッドデッキから出入りするようにした。

② 西南の茶ダンスが気になるが、他に移動させる場所が見つからずこのままだったが、主人の金運アップには良い場所だったのでここから出入りするようになった。

③ 東に収納棚があったが、これも移動先が見つからず、このままになったが、大きな荷物を運ぶときは、東のダイニングの出入り口から頻繁に出入りするようになった。

④ 東北のキッチンは問題だが、どうしようもないので観葉植物を置いた。

⑤ 西の範囲にも観葉植物を置いた。

⑥ 南・西北が欠けているので、バランスをとるために観葉植物の氣で補った。

⑦ 北・西北の悪い氣のパワーダウンをするために、北には黒い物を西北には赤いものと鉄アレイを置いた。


次は2階です。

① 東北の階段は、どうしようもないので、このままになった。

② 東南に寝ている家族は、頭を南の範囲に入れて寝てもらう事にした。

③ 北の悪い氣は、トイレで流されるので良い。

④ 西の物置部屋は、背の高いタンスがあるので良い。

⑤ 西北の部屋は、客間として使っているので、家族には支障なし。


【結果】

　人の出入りが多くなり、仕事は好調で、売り上げは、個人で風水研究所を立ち上げた時の10倍になり、新しい家に引っ越しました。今のところ、キャンペーンをするたびに好調な結果になっています。

第8章　私と講座受講生の風水鑑定実例

# (2) 当協会の受講生鑑定例

風水鑑定協会の受講生が鑑定した、様々な事例がありますので、ご紹介します。

### じゃすみん様 ①
（占い師・講座受講生・当協会認定風水鑑定士）

【相談内容】

子供2人が長い間不登校なので、シングルマザーのクライアントは働きたくても正社員で安心して働ける状況ではありませんでした。早く正社員として働き生活を安定させたい。すぐにでも解決したいとのことで鑑定依頼をいただきました。

### 六運の住宅
依頼者本命卦：乾命（けん）
長女本命卦：坤命（こん）
長男本命卦：坤命
母親本命卦：坎命（かん）

121

## 【鑑定と処方】

玄関が（6　6）にあり、建設当時の六運のときは良かったかもしれませんが、今はあまり良い家ではありません。

健康運に良い巽（1　2）、震（9　3）に階段とトイレがあって健康運を司る山を壊しているために、人間関係、健康運に悪い影響が出ています。

同様に2階の階段は（1　2）の健康運のよくなる場所に階段があるので山が壊れてしまい、人間関係や健康に問題が出ています。巽は長女の場所、まさしく長女の健康・人間関係に問題が出ています。

長女（坤命）の部屋は、八宅派では生気ですが、玄空飛星では（5　7）の大凶。

長男（坤命）の部屋は八宅派では絶命、玄空飛星では派（7　5）の大凶ですので、さらに悪い場所です。

ご相談内容とは直接関係ありませんでしたが、クライアントの要望で正社員で働いてちゃんと暮らせるようにとの事でしたので、財運が上がるように乾方向にある1階リビングに水槽の設置をお勧めしました。

鑑定で行ったアドバイスの中で、実際にできたのは次のことでした。

第8章　私と講座受講生の風水鑑定実例

① 1階玄関（巽方向）に金（20kgのシルバー鉄アレイ）を置き、化殺した。※化殺とは、悪い氣を抑える事。

② 1階リビング（乾方向）に水槽を設置してもらった。（奇門遁甲も併用）

③ 階段のある巽震方向に鉢植えの木を設置。

④ 2階巽方向に緑色のグリーンスクリーンを張ってもらった。

⑤ 子供たちが家を出る方法を検討した。（奇門遁甲を使った）

【結果】

不登校のお子さんたちはそれぞれ家を出ることになりました。

中学3年生の長男は鑑定処方をしたのが3月だったので、ちょうどタイミング良く全寮制の高校へ進学することができ、1か月後の帰省では人が変わったようにイキイキとしていたそうです。また、半年後には部活動で全国大会に出場するなど活躍しているようです。

高校2年生の長女は鑑定の4か月後に高校を転校し、離婚して別居している父親の家に引っ越しました。

その後、少しずつ調子を取り戻し、現在は第一志望の大学に合格して卒業までの時間を楽しんでいるそうです。

家の周りの広い空き地が購入当初の4倍の値段の価値が付

き喜んでおられました。

　その土地は道路に面していないためほぼ資産的価値がなく、何にも使えなかったのです。水槽を設置してから2週間後に、裏の空き家の持ち主が建物を壊し、大きな道路に面することにより一緒に販売したら活きた土地になり、評価額が格段に上がったようでした。

【鑑定士のコメント】

　相談をいただく3年ほど前から家族関係が悪くなり、クライアントの夫が家を出て行って、結局離婚してしまいました。離婚のトラブルと並行して子供たちが不登校になったそうです。

　話を聞くと、家の裏にあった大きな建物を取り壊してから状況が悪くなったそうです。

　建物がなくなったことで風水が悪くなり、そもそも悪かった家の中の凶作用が発動したのではないかと思います。

　高校生の娘さんと中学生の息子さんの部屋は寝るのにふさわしくない部屋だったので、引っ越して家を出たのが良かったのだと思います。実際、息子さんは帰省で家に帰ってくると「体調が悪い」と言うそうです。

　土地の評価が4倍になったのは、風水の財運アップの強力

第8章　私と講座受講生の風水鑑定実例

な効果が発揮されたからでしょう。今回のようにクライアントが放置していて忘れていたような土地が再評価されて大金を得ることも、この風水鑑定で実感しました。

　クライアント自身が気づいていない問題であっても、風水を処方することによって状況が動き出し、思いもよらない幸運をもたらす場合もあるという実例でした。

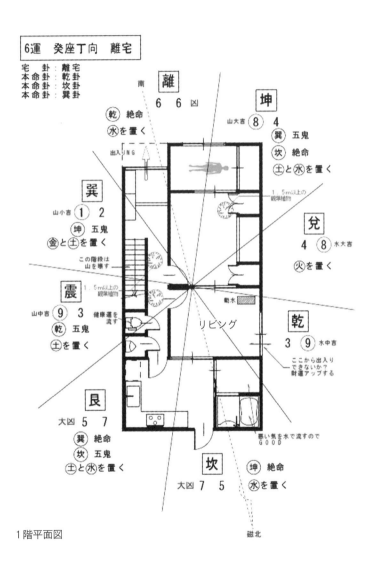

1階平面図

第8章　私と講座受講生の風水鑑定実例

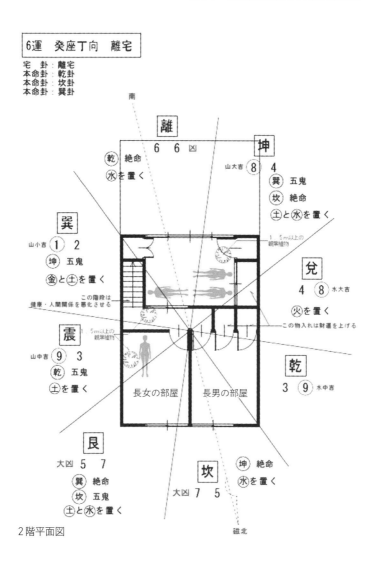

2階平面図

## じゃすみん様 ②
(占い師・講座受講者・当協会認定風水鑑定士)

### 【相談内容】

うつ状態で眠れず、昼夜逆転した生活をしていたとのこと。早く普通の生活がしたいとのことで依頼をいただきました。

### 【鑑定と処方】

2001年築(七運)丙座壬向

宅卦：離宅

依頼者本命卦：坤命

家族本命卦：巽命

クライアントは東側の洋室に頭を西にして、129ページの図のような位置に寝ていました。

玄関からまっすぐ直線状にベッドがある典型的な房門冲床です。

八宅派で六殺、玄空飛星派では(7 7)の大凶と、悪い条件が3つも重なっています。

この場所で寝ていたら調子が悪くなるのも当然といえる場所です。

## 第8章 私と講座受講生の風水鑑定実例

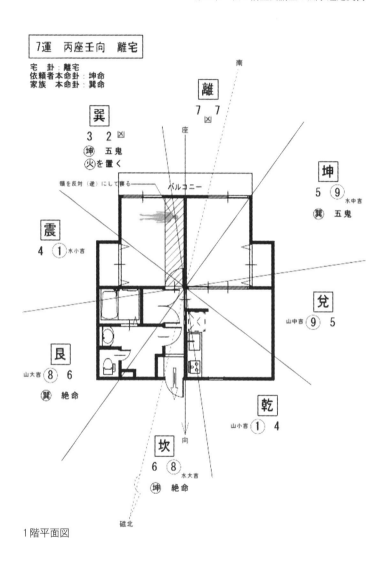

1階平面図

以下の処方をしました。

① 頭と足を反対にして寝る
　　→房門冲床と玄空飛星派（7　7）大凶を避ける

② 部屋の扉は必ず閉める

③ 巽方向に赤（火）と白（金）を置く
　　→八宅派五鬼と玄空飛星派（3　2）の化殺


【結果】

　枕の位置を変えてから1か月ほどで生活のリズムが朝方に近づいていきました。

　最初は1日のうち短時間から少しずつ外に出るようにして、4か月ほどで普通の生活ができるようになったそうです。

　半年後には彼氏ができて、楽しく充実した日々を過ごしているそうです。


【鑑定士のコメント】

　家族と2人暮らしですが、家族は風水に理解がなく実践するのが難しいとのことでした。

　家族とクライアントについて八宅派で観ると、お互い悪い部屋で過ごしているのがわかります。

　本来は逆の部屋が良く、部屋を入れ替えるほうが良いので

第8章　私と講座受講生の風水鑑定実例

すが、それですら難しいとのことでした。仕方がないので、クライアントにとって風水の八宅派では悪い部屋ではありますが、依頼者ご自身でできる範囲での処方をさせていただきました。

　できることが限られている中で、ちゃんと効果が出るのか心配でしたが、結果としてしっかり効果が表れて安心しました。これほどわかりやすく効果が出たのは、寝ている場所が風水的にとても悪い場所だったからです。

　特に房門冲床は心身の安定を欠くと言われていて、依頼者の症状と一致していました。

　いくつもの悪条件が重なっていたので、その場所を避けるだけでも効果が出たのです。

　本来、風水は家と家の周囲といった全体を鑑定して処方していくものですが、それができないからといってあきらめずに、少しでも改善できる方法を取りくむ姿勢が大切と感じた例でした。

**吉田明暉代様**
(国際中医師・国際中医薬膳管理士・
講座受講生・当協会認定風水鑑定士)

　私は国際中医師・国際中医薬膳管理士という資格を持ち、薬膳講座の開催や薬膳のお料理教室などを開いていますが、薬膳を使っても体調が改善されない・良くならない受講生に頭を悩ませていました。

　そんな悩みを抱えていた私は、「もしかしたら風水に関係があるのかもしれない」と感じるようになり、世の中にある風水セミナーのリサーチをし始めました。

　そんな中で西先生と出会い、風水を学び始めました。2023年3月のことです。

　まず、試しにやってみたのが、自宅の風水鑑定でした。

　2024年3月に鑑定して、まず各部屋の氣を整え始めました。

　観葉植物を置き、山をつくりました。山は健康運や人間関係を良くします。

　氣を整えていく中で、常日頃邪魔だなと思っていた娘のピアノが、山をつくったところあっさり片づいたのです。娘（結婚したために別居）が売らないでほしいと言っていたのです

第8章　私と講座受講生の風水鑑定実例

が、売ってもいいと言い、翌日には購入業者が見つかり、翌週にはかなりの高額で売却できました。

さらに金運を上げるために奇門遁甲で時間を見て、半月後に水槽を設置したら、すぐに外部の仕事が3件立て続けに入りました。

本物の風水の効果を実感してきたので、さらにまた2週間後に観葉植物を増やし、山を強化したら、自宅で開催している薬膳教室に古い生徒さんが数名戻ってきてくれました。

また、嫁に行って寂しいなと思っていた娘がよく連絡をくれるようになり、年始には娘夫婦と海外旅行もできました。

私はもともとショートスリーパー（短時間睡眠者）だと思っていたのですが、寝る場所を変えたことで、今はとてもよく眠れています。

貯金もできるようになり余裕も出てきています。

さらに節分で運が変わるので、観葉植物を追加で買いに行くと、まだ届いていないのに、その日に仕事が2件入りました。

このように風水を学び始めてから私の周りの氣が明らかに変わってきています。これからもどんどん良くなっていくことでしょう。そして、悩みの種だった薬膳では解決してあげられなかった生徒さんの運氣を良くしていかれるかと思うと、今からとてもワクワクしています。

133

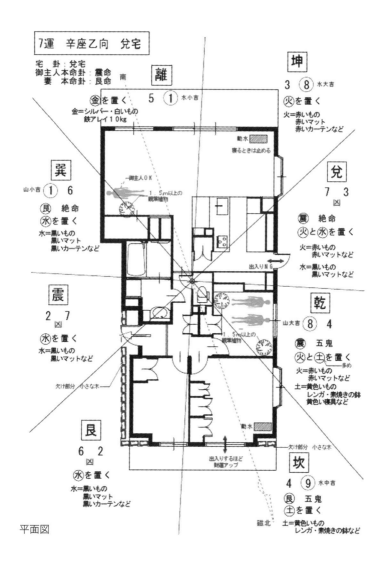

平面図

第8章　私と講座受講生の風水鑑定実例

澤田螢井子様
(運勢開花コンサルタント・講座受講生・
当協会認定風水鑑定士)

　私は熊本県熊本市在住の運勢易学鑑定士です。
　この度、風水鑑定協会認定の風水鑑定士の資格を取得しました。
　占術は姓名判断・九星気学・四柱推命のほかに、気の技スピリチュアルヒーラーとしても活動しており、約15年になります。
　2022年8月に風水鑑定協会へ入塾しました。
　本やテレビで知っていた知識としての風水は、西に黄色で金運アップ等でしたが、翌月、西先生から教わった本物の風水では「山と川をつくる」というアドバイスで目から鱗が落ちたような思いでした。
　翌月の9月、「この日の、この時間に、まず家の中に川をつくり水を動かす」というアドバイスがあったので、ウォーターランプを購入し、指定どおりの時間に水を動かし始めました。
　すると、とたんに仕事がとっても忙しくなったのです。
　おかげさまで2か月目に、この好きなお仕事で、続けて月

商7桁を達成することができ、このスピードには本当に驚きました。

協会で学んだ風水鑑定は、住まいの図面からそれぞれ家族の生年月日・時間による鑑定で観ていくのですが、我が家はその吉凶の判断が良くなかった場所がとにかくたくさんあり、「化殺」を用いて改善していく方法を教えていただきました。陰陽五行に基づいて、寝ているときの頭の場所や向きを正しい位置へ移動し、色と物を使って氣を調整していく方法で、黒いマットや赤いマット、鉄アレイ、一般的によく聞く観葉植物を置くだけでいいのです。

こんな身近にあるもので本当に効果があるのかしら？？？と全てが半信半疑でした。

必要なものを完璧に揃えるのにしばらく時間がかかりましたが、やはり1か月しないうちに私の講座を受けたいという受講生が増えたり、著名な先生からライブへの出演依頼が入ったりして、風水効果のおかげとしか思えません。

ところが、仕事が急に増えたせいか、今度は体調を崩してしまいました。私ははっと気がつきました「山を完全につくっていなかった」と。そこからあわてて山を強化し、今では体調に不安もなくなりました。

私の人生は、本物の風水にご縁をいただいたおかげで、こ

第8章　私と講座受講生の風水鑑定実例

の１年半で大きく変化し、この風水は一生の宝物となりました。

　これからも生涯学び続けて、多くの方を幸せへと導く改善策を具体的に提供する鑑定士として、アドバイスをしていきたいと思っています。

　風水が好きな方や気になっていらっしゃる方は、まずは一般社団法人風水鑑定協会の講座を受講して、この協会で共に学び、本物の風水で人生を好転させてみませんか？　楽しみにしております。協会との出合いに心より感謝申し上げます。

### 若林正子様
（講座受講生・当協会認定風水鑑定士）

## 【状況 ①】

　自宅の鑑定例を紹介します。2023年の春に息子は就職をしましたが、採用時に聞かされていた仕事内容と実際の勤務内容や勤務時間に大きな隔たりがあり、勤務すればするほど残業が多くなり、体調を崩し、笑顔が少なくなっていきました。

## 【鑑定と処方】

　玄関が息子にとって「絶命（ぜつめい）」という最大凶に位置していたため、黒いものを使うとか寝る場所を変えるなどして悪い氣を抑える氣の調整を行いました。

## 【結果】

　風水をしてから1週間ほどして、息子の帰宅時間が少し早まってきました。
　会社側の配慮で勤務体制に多少の改善が見られましたが、勤務時間の改ざんが行われていたことが発覚したので退職の

第8章　私と講座受講生の風水鑑定実例

決意が固まり、退職願いを出してから3か月で退職となりました。

　寝る場所を変えることで、現在は良い睡眠がとれるようになり、気持ちにゆとりが出て、いろいろなことに対して意欲がわいてきているようです。

　風水をしないままだったら、心身ともに壊れてしまっていたのではないかと心配でしたが、おかげで問題も解決し、この学びに対して感謝の気持ちでいっぱいです。


【状況②】

　中学生の娘が原因不明の不登校になりました。原因がわかれば対応もできます、なぜかわからないため、対処のしようがありませんでした。


【鑑定と処方】

　まずは観葉植物を所定の位置に配置しました。即効性があったわけではないのですが、徐々に登校の回数も学校での滞在時間も増えていきました。


【結果】

　友人関係、いじめ等の原因でもなく、今でも原因はわかっ

ていません。でも成績も良く、登校するようになってからは、不登校だった期間を埋められるほどに学力が上がったものの、欠席日数の関係で内申点が思っていたより悪く、気持ちがふさぎ気味に戻ってしまいました。

　塾の先生が憤慨するほどの差異があったため、落ち込みを回復するのには少し時間が必要でした。また、不眠気味でしたが、寝る場所を良い場所に変えたらしっかり睡眠がとれるようになり、表情が穏やかになりました。そして、新たな目標に向かって進み始め、高校受験も無事に合格できました。今では晴れやかな顔で通学しています。


【状況③】

　主人は仕事に対してやりがいを感じ、実績を伸ばしていましたが、自宅より西の方角に転勤してから、だんだん体調が悪くなっていきました。転勤後の上司からのパワハラがひどく、心身ともにバランスを崩していたことがわかったのです。


【鑑定と処方】

　我が家の場合は、「西」は主人が命を取られる方角なので、急遽、断易で観てもらって、所定のところに十二支の写真を貼りました。また、自宅では主人にとって良い場所で寝ても

第8章　私と講座受講生の風水鑑定実例

らうようにしました。

【結果】

　その後2週間で、半年前から出しても受理されなかった異動願いが叶えられ、辞令が出る時期でもないのにパワハラ上司は別の場所に左遷されました。また、主人の他にも被害にあっている人が多かったことが判明したということで、配置転換されました。

　主人にとって良い場所で寝てもらっていたら、異動後は前と同じように充実して働けるようになり、昇進も近いと喜んでいます。

　このように家族が何かしらの問題を抱えた家でしたが、風水で氣を調整することにより改善していることを実感しています。

# おわりに

　本物の風水とその使い方や、本物の風水を学ぶ意義などについてお話してきましたが、おわかりいただけましたでしょうか。紙面に限りがあるため、まだまだ説明不足の部分があったかもしれません。

　風水は先人が残してくれた偉大なる叡智です。

　それをどううまく生活に生かし、現代人がより良いパフォーマンスを発揮し、自分に与えられた使命を全うできるかが大切です。

　風水で全てのお悩みを解決できるわけではありませんが、毎日過ごしている空間の氣を整えて滞りがないようにしておくということは、私たちの心の奥底の潜在意識が良い判断を間違いなく下すことにもつながります。

　また、より良い人生の道を選んで自分の望む方向にエンジン全開で突き進めるかどうかという、ご自分の近未来にも関わってくることでもあります。

　そのためには風水で氣を整えるだけではなく、一人ひとりに与えられた使命を読み解き、試練の時や至福の時を知り、チャンスが来たときに好機を逃さずにつかみ取るという前向きな姿勢やチャレンジ精神も大切となります。

おわりに

　この物怖じしないチャレンジ精神を生み出すためにも本物の風水で氣を整えることが必要不可欠になるのです。

　新型コロナウイルスがきっかけで働き方が大きく変わってきましたが、私は、風水は仕事としても魅力のあるものだと感じています。時間に制約されることがなく、お客様の信頼を得ながら報酬をいただくことができるからです。
　もちろん、副業としてもやっていけます。しかも、一般的な占いよりは単価が高いですし、何よりも諸問題が改善することで相談者の方々に喜んでいただけます。こんな素晴らしい仕事が他にあるだろうかと思うくらいです。
　ただ風水には一定の責任がつきまといます。責任を感じたくないという人には、この仕事はお勧めできません。ですが、責任を感じつつも、さらに多くの人のお悩みを解決していきたいという意気込みのある方、また、より精進して多くの人を明るい未来に導いていきたいというチャレンジ精神の旺盛な方には、この仕事はあなたにピッタリ合った仕事となるでしょう。
　そして、これからの人生を迷いなく、悩みなく、明るく楽しく過ごしていきたいとお考えの方なら、風水はあなたの人生を照らす指標となることでしょう。この原理を少しずつ理解していくと、私自身がそうであったように、あなたも風水

の魅力にどんどん惹きつけられていくことでしょう。

　私があなたに本物の風水を学ぶことをお勧めしたい、もう一つの理由は、鑑定士に鑑定を依頼しても一時的なもので、微調整ができないからです。微調整するためにはどうしても本物の風水の知識が必要です。毎日生活する空間だからこそ、なんとなく調子が悪いなと思ったときには、自分で微調整できるようにしておいたら、これほど心丈夫なことはありません。一分一秒たりとも、時が止まることはなく、世の中は刻々と変化しています。

　本物の風水をもっと知りたい、学んでみたいと思われた方は、お問い合わせください。ご予算に応じた学習プランをご提案いたします。

　私たちを取り巻く環境には必ず大地のエネルギーが関与しています。正しく風水を学び、それらを生活や仕事に反映させていくことで、私と関わる人全てに幸せになってほしいと思っています。

　お会いできることを楽しみにしています。

**【お問い合わせ先】一般社団法人風水鑑定協会**
(お問い合わせ | 三重・名古屋・大阪にある一般社団法人風水鑑定協会（fusuikantei.jp))

〈著者紹介〉
一般社団法人 風水鑑定協会 代表理事
西 美穂（にし みほ）

1962年に山形県鶴岡市で生まれた
1985年3月　工学院大学Ⅰ部工学部建築学科卒業
1986年8月　長女出産
1987年　二級建築士を取得
1989年　一級建築士を取得
1992年　離婚
1994年　一級建築士事務所を独立開業
　　　　この時に「本物ではない風水」を学んだ
2000年　うつ病発症
2001年　事務所廃業
2003年　長女・次女ともに三重県に移住
　　　　三重県の住宅会社や名古屋の分譲住宅会社で勤務
2013年　黒門アカデミーで本物の風水を学び始める
2014年　三度目の結婚
2015年　黒門アカデミーの認定インストラクターの資格を
　　　　取得し、いろは風水研究所を設立
2017年　いろは風水一級建築士事務所を設立
2021年　一般社団法人 168風水鑑定協会を設立
2023年　一般社団法人 風水鑑定協会に社名変更
黒門アカデミーの認定セミナー開催、住宅会社の風水相談会の協力、各種講演やお茶会など、お声がかかれば全国どこへでも伺います

最速開運術！
あなたの人生が変わる本物の風水
（鑑定事例付き）

2025 年 4 月 18 日　第 1 刷発行

著　者　　西 美穂
発行人　　久保田貴幸

発行元　　株式会社 幻冬舎メディアコンサルティング
　　　　　〒151-0051　東京都渋谷区千駄ヶ谷4-9-7
　　　　　電話　03-5411-6440（編集）

発売元　　株式会社 幻冬舎
　　　　　〒151-0051　東京都渋谷区千駄ヶ谷4-9-7
　　　　　電話　03-5411-6222（営業）

印刷・製本　中央精版印刷株式会社
装　丁　　弓田和則

検印廃止
©MIHO NISHI, GENTOSHA MEDIA CONSULTING 2025
Printed in Japan
ISBN 978-4-344-69197-1 C0077
幻冬舎メディアコンサルティングＨＰ
https://www.gentosha-mc.com/

※落丁本、乱丁本は購入書店を明記のうえ、小社宛にお送りください。
送料小社負担にてお取替えいたします。
※本書の一部あるいは全部を、著作者の承諾を得ずに無断で複写・複製することは
禁じられています。
定価はカバーに表示してあります。